开口吧，孩子

特教妈妈的六堂课

陈淑芬　著

东方出版中心

我的儿子张敦捷是一位数字星球"小王子"，但同时他也是位自闭症患者，曾被媒体称为"台湾雨人"。这本书讲述的就是他的成长故事……

台湾雨人
生命大事记

《无限开根号》故事被
收入《天才自闭儿：
上帝的宝石》（天下文化）

出生

确诊为自闭症

进入特教班就读

转回普通班就读

就读中学；
担任台北师范学院研究
《有方根计算能力的
savant 学生之研究
研究对象

无师自通，
写2、3、5倍
数到快 2 000

登上《社会秘密档
案》节目；
开根号六次方根能
力崭露头角

就读小学

| 1990 0岁 | 1994 4岁 | 1996 6岁 | 1997 7岁 | 1998 8岁 | 1999 9岁 | 2000 10岁 | 2001 41岁 | 2002 12岁 | 2003 13岁 |

2000 40岁

2003 43岁

考进研究所，
就读身心障碍教育学系

考入特教师资班

考取正式特教教师

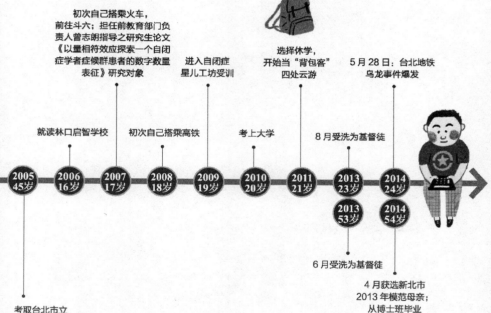

初次自己搭乘火车，
前往斗六；担任前教育部门负
责人曾志朗指导之研究生论文
《以量相符效应探索一个自闭
症学者症候群患者的数字数量
表征》研究对象

进入自闭症
星儿工坊受训

选择休学，
开始当"背包客"
四处云游

5 月 28 日：台北地铁
乌龙事件爆发

就读林口启智学校

初次自己搭乘高铁

考上大学

8 月受洗为基督徒

| 2005 45岁 | 2006 16岁 | 2007 17岁 | 2008 18岁 | 2009 19岁 | 2010 20岁 | 2011 21岁 | 2013 23岁 | 2014 24岁 |

2013
53岁

2014
54岁

6 月受洗为基督徒

4 月获选新北市
2013 年模范母亲；
从博士班毕业

考取台北市立
教育大学博士班，
攻读教育学系心理辅导班

目 录

爱，征服一切

接到编辑老师的邀约，为本书中文简体版做推荐序时，我刚从泰国的卡马拉社区归来。泰国朋友坤博士介绍说，那里有一位马场主人用马术治疗自己自闭症的儿子，随行的十几位孩子好奇地问什么是自闭症，于是，我在海滩上为孩子们上了一堂小小的心理课，告诉孩子们："他们看到的世界可能跟我们不一样，但不等于他们没有我们好；他们表现的行为可能跟我们不一样，但不等于他们故意要'耍宝'；我们即使不懂他们也仍然可以尊重他们，为他们歌唱和舞蹈……"孩子们迎着异国的海风一个劲地点头，仿佛一个生命对另一个生命在说"是"，仿佛纯净心灵之间瞬间结下了山盟海誓。

接下来和读者朋友分享几个珍藏在我记忆深处的、与自闭症孩子有关的故事：

1998 年，我在上海市残联特殊儿童指导中心参与日本心理专家的"动作疗法"研讨会，会议有两天是与十几位三到六岁的自闭症孩子一起度过。这些孩子个个看着都很可爱，其中有一个四岁的男孩，大大的眼睛，白白的皮肤，让人立刻想起那个美丽而深情的称呼——"天使的孩子"。"天使的孩子"有着自闭症儿童典型的特征表现：没有目光接触、无法与人交往。任爸妈和老师怎么引导，他都只自顾自默默地呆坐在地板上。我静静地在孩子对面坐下来，试着轻轻拍手、轻轻哼唱各种随口改编的歌，当不经意间唱到"对面的'孩子'看过来、看过来"时，孩子突然开心地笑了，紧跟着竟然也拍着小手唱了起来！那一刻，我的眼睛湿润了：谁能百分百确定是他们有"病"，而不是我们弄丢了那把打开他们纯净世界的钥匙呢?!

几年后，国内较早的自闭症研究机构"星星雨"在上海举办自闭症儿童家长联谊活动，我作为嘉宾应邀出席，满脑子是98年留下的自闭症儿童的甜美印象，以及他们与"天使""仙女"和"星星"之间的浪漫联想。然而，当我走进联谊教室，听见满屋子的尖叫声，看见满屋子乱跑的青春期孩子和他们身后疲惫而无助地追赶着的爸爸妈妈、爷爷奶奶时，我愧疚的心顿时碎了一地——如果说偶尔陪伴一下早期的自闭症孩子像个童话，那么，陪伴他们到青春期乃至一辈子，则是一部需要无比坚强、无限耐力与无尽爱意才能进行到底的历史剧……

那一天在场的所有家长都告诉我：听到确诊时，他们的内心都充满自责与歉疚，继而家中至少会有一个人辞去工作、用全部精力带着孩子四处求医。尽管国际上对于自闭症的发病原因及有效治疗方案仍无定论，尽管目前没有一例完全治愈，但，他们永远不会放弃。

永不放弃，就像本书的作者、海峡对面的这位妈妈陈淑芬博士。

一组公布的数据显示：目前我国自闭症儿童至少有167万，约三分之二的患儿成年后无法独立生活。自闭症家庭，一个月仅在康复训练上的基本花销是3 000到5 000元，高昂的费用导致仅有三分之一的自闭症儿童在三岁前开始及时的康复训练，而有近五分之一的儿童直到六岁才开始训练。

我曾拜访过一所微型的华德福学校，学校一共六个孩子（其中两个患有自闭症）、一位年轻的女老师和一位19岁的男"助教"——一个自四岁起一直在做康复训练的自闭症男孩。男孩看到我们非常开心，主动迎上来打招呼，一字一句非常费力地介绍他自己，告诉我们他很喜欢唱歌和弹琴。我们盘腿而坐鼓掌请他来一曲，他自豪而又自信地打开琴盖，行云流水地一边演奏一边高声唱起他最喜欢的《你是我的眼》："如果我能看得见/生命也许完全不同……你是我的眼/带我穿越拥挤的人潮/让我看见这世界就在我眼前……"

眼泪悄悄滑下大家的脸庞，为这个自闭症男孩的乐观、努力和纯净。他和他们，也许一直都在尽最大的努力向我们靠近，而与陈淑芬博士一样的妈妈爸爸、奶奶爷爷以及老师们，也在尽最大的努力让两个世界靠得更近。

喜欢陈博士透过这本书所呈现的真实、勇敢和伟大的母爱，愿她以母亲和特教教师的双重身份所写下的这些文字，能够真实地鼓励和支持到更多自闭症孩子的家庭；愿更多的人能够成为自闭症孩子的心灵之眼，陪伴和带领他们领略生命的五彩斑斓。

相信自己，你能做到。因为：爱，征服一切。

林紫/林紫心理机构创始人，心理学博士，

上海心理卫生服务行业协会副会长

理解自闭症

自闭症患者有几个明显的特征。主要有三：社会互动困难、语言发展迟滞、行为偏异。在社会互动方面：缺乏眼神接触、不会结交朋友、无法与他人聊天、装扮游戏与想象游戏有困难、相互注意能力不足；在语言方面：哑音、回复音、错用代名词、暗喻语言、无意义语言等。而偏异行为则指固持行为、自我刺激行为、自伤行为、偏食、生活自理能力困难、睡眠异常，且部分自闭症者有多动或攻击暴力行为等。形成的原因可能来自遗传、染色体异常、神经系统异常、脑伤、黄疸过高、基因排列顺序错置等。

幼儿自闭症者出生，首先受到冲击的是父母无法接受事实，经历绝望、沮丧、接受、积极寻求协助等历程，心理的冲击才能逐渐调适。而其心理所承受的压力也如同父母，需协助照顾，否则易感到沮丧、无助。父母也常因为缺乏教养自闭症幼儿的经验，延误早疗的黄金期，不断地使用负增强、惩罚的结果，使成年的自闭症者性格畏缩、肌肉紧绷、行为退回，严重者发展成反向行为，不断出现严重的攻击暴力行为。自闭症者成长过程中，教育问题同样困扰教师、父母以及周遭的人。如何增进教师的专业素养，以及对父母实施亲职教育，都是特殊教育工作者必须面对的问题。成年后的自闭症者职业安置，终生安养的问题均须及早绸缪。值得欣慰的是，近年来自闭症者就业成功的职种有一百零八种，在职业教育上，自闭症者的就业已渐露出曙光。

本书作者叙说的是她曾经历过的事件。每一则过往都充满智慧，告诉自己应如何跳过深壑，而不至于遍体鳞伤。从第一课"雨人到我家"，到最后一课"永不放弃希望"，每一课皆在叙述一位自闭症者的母亲，从绝望到乐观地正视人存在的价值，不能够说是雨过天晴，云淡风轻，但是读完此书，我们能看到一位坚强的母亲，每天都勇敢面对挑战，一路至今。

陈淑芬女士是台北市立大学博士，也是自闭症患者的家长。为了教养孩子，毅然决然放弃经商，改行学习特殊教育，这种牺牲着实令人感动。本著作以叙说的方式，从她的自闭症儿子幼年开始，叙述一些不为人知的故事。笔端不但富于情感，教养过程的心酸血泪，更叫人为之动容。更重要的是，她的心路历程，足供其他家长借镜，以及特殊教育工作者学习，特别写序，鼓励她继续奋斗、成长。

王大延/明道大学前副校长，自闭症研究学者

他不是白痴，他是星儿

当我答应为这本书写序，先睹为快时，我真高兴自己做了个正确的决定。

当初认识淑芬老师，是因为"地铁乌龙事件"发生的第三天，我们同时应邀上电视谈自闭症。她是见证人（自闭儿的妈妈），我的身份则是亲子教育专家。彼此认识之后，我看到一位既热忱又专业的妈妈，也佩服她因为儿子而读到特殊教育的博士学位。

直到今天我有机会读完此书，才明白自己有多幸运，能够先在字里行间见识到一位永不放弃的妈妈，如何在跌跌撞撞的过程中，扶持着儿子走出困境，爬出井口……

我闭上眼睛，回想自己教育两个儿子的过程，其中也有许多冲突对立、一筹莫展的困顿。我一直承认自己是个失败的妈妈，很多时候，我受到的教训多了，才回头做一个懂得成长的妈妈；欲哭无泪了，才重新回头改善亲子关系。

如今，看到淑芬老师带领自闭症儿子敦捷一路披荆斩棘的心路历程，我敬佩极了。如果说我在育儿阶段有过"十分"的挑战，那淑芬老师的压力应该是"千万倍"于我之上。

尤其，我读到淑芬老师告诉老公，再一两年，她准备带着儿子到美国做学术论文发表，为儿子找到可发挥优异数学能力的机会，老公回答她，那是天方夜谭，才只有千万分之一的概率而已。

"只要不是零，我都拼了。"淑芬老师如此回复她老公，不知道为什么，看到这句话，我的泪水就夺眶而出了。

想当初，敦捷小时候，曾经把沐浴乳和洗发精倒了满地，让淑芬老师差点滑倒，一气之下，这个做妈妈的竟然用双手把敦捷的头压进浴缸满满的水里……

想当初，家人和淑芬老师一时不能接受敦捷是自闭儿而关系紧张，她又是如何一路咬紧牙根，从一个从事进出口贸易的上班族……

四十岁考上特教师资班。

四十一岁考上身心障碍教育学研究所。

拿到硕士学位后，隔年又考上教育学系心理辅导组博士班……

如今，多年来的学习和成长，让淑芬老师从一个手足无措的妈妈，变成了学有专精，又超有爱心耐心的特教博士。

她也从当初暗夜垂泪、气愤难平的家长，成为"舍我其谁"的专业分享者。她把敦捷教成一个可以四处搭车探险的背包客，当敦捷对"丝袜"好奇、对饮料爱不释手、偷窃计算器、被学生家长排斥、被邻居夫妻控诉，到深夜接到偏远乡镇的警察电话说："你的儿子……"等难以启齿的纠纷，她也能坚强面对。

现在的淑芬老师能坦然说："我的心脏已经被他训练得越来越强了"、"我不怕向人解释儿子的行为，这正是让更多人了解自闭症的好机会"。

这么正向的思维模式、这么勇敢的挺身而出、这么豁达的勇往直前，若不是身为一个妈妈，渴望"孩子平安快乐就好"的信念，若不是失控伤害孩子后，"对不起，如果妈妈都不爱你，谁来爱你呢？"的自我省思，淑芬老师的家庭故事绝对无法这么深刻地打动我的心。

感谢淑芬老师在这本书中，让我更懂得自闭症是受到"生理因素"的影响，让我更注意社会资源应如何更落实到特殊家庭的需求，也让我更珍惜和家人的相处。通过这本书，我也见识到一个永不放弃的博士妈妈，我相信并祝福敦捷的数理天赋，一定还能遇到更大的机会得到发挥。

祝福淑芬老师一家人！也祝福大家，相信你看完这本书，你对"星儿"会有更多理解，也更乐意多关心和参与特殊教育的提升。

吴娟瑜/公视《爸妈囧很大》顾问专家，亲子教育专家

如果你了解他，就不需要我了

"自闭症是不是一辈子都不会好？"

身为医师，这是我经常听到的问题，大概也是门诊间最难回答的问题之一。每个专业人员回答起来都不太一样，不过我最常直接回答的是："当然不是！"讲得虽然轻松，不过看看这本书分量不小，就能知道，即使自闭症并非一辈子都完全无法改善，也不是三言两语可以解决的小问题吧！

读着书稿，脑中浮现的是记忆中一幕幕敦捷母子的影像：孩子开始接受评估诊断、安排治疗、拿着计算器表演心算平方根立方根、妈妈转换工作跑道、考上大学，还特地来门诊告诉我……书中不少段落，我都亲临现场，但是更多的经历、遭遇却是我从未知悉的，更不要说是这些事件背后的众多情境和心思感怀了。就算讲话又急又快的敦捷妈妈，总是在我与他们母子接触时、在每次门诊的会谈中拼命报告，我所知的恐怕不到全书的百分之一。

如我一个对敦捷的生活所知如此少的旁观者，凭什么给孩子诊断、鉴定他为特殊或残障、给他们临床上的建议？凭什么宣判他们的自闭症一辈子都不会好？

自闭症跟其他的病症不太一样：虽然有一些共同的症状，足以形成一组特定的组合，得到一个诊断；然而每位患者的表现又常常完全不同。当我聆听、观察着他们的描述（像我在门诊中面对一个个的个案时）时，我几乎不会觉得他们属于同一个诊断。明明是用来诊断的临床特征，例如固定性行为、各式各样的固着习惯，但回头一想，又觉得周围很多"正常"人不也都有各种癖好吗？孩子在变换情境时得到的各种回馈更是令人摸不着头绪：一路早期疗育，努力克服障碍，踏进新的学习环境时，竟然被人质疑"他真的是自闭症吗？"

这本书不是教科书，会巨细靡遗告诉你什么是自闭症，也不是治疗手册，教你怎么让自闭症孩子考上大学。简而言之，这本书不会给你任何确切的答案，这本书要告诉你的是关于自闭症、一辈子（孩子和妈妈各一半）的故事。

如果你嫌它厚重，那代表你真的看懂这本书了。它讲的不是在门诊三言两语就可以诊断治疗的疾病症状，而是母子两人活生生、一天一天互相陪伴度过的日子，没办法化繁为简，易读好懂，日子就是真的这么琐碎杂乱，而且在你阅读本书的当下，他们也还在继续努力，手牵手往前走着。

蔡文哲／台大医院儿童心理卫生中心主治医师

自 序

相信社会大众应该对于 2014 年 5 月 28 日发生的"台北地铁乌龙事件"记忆犹新吧！一位自闭症患者在台北地铁车厢内玩计算器，无意间碰触旁边一名乘客，引发这位乘客恐慌，车厢陷入混乱，有人赶紧去拿灭火器自卫、有人按铃求救惊呼"又砍人了"，导致乘客往其他车厢逃窜。这些乘客之所以有这些反应，是因为前一周的板南线上，曾发生骇人听闻的郑捷砍人事件，导致台北地铁乘客杯弓蛇影，个个有如惊弓之鸟，许多乘客的信心与安全感顿时崩溃。据闻许多人讨论，这两个事件有许多相似巧合：虽然不在同一天，但几乎在同一时段发生、郑捷身穿红色，而自闭症患者张敦捷穿桃红色上衣、两人名字都有一个"捷"字。虽然有这些巧合，也同样造成人心惶惶，但截然不同的是：后者是一位自闭症患者。因为他的沟通障碍和人际相处困难，才引发了乘客的误解。因此媒体使用"地铁乌龙事件"当作主题报道，也正是因为这桩令人啼笑皆非的乌龙事件，阴错阳差地成为更多人看到自闭症患者特质的契机。

这件事令身为主角母亲的我极度震撼，同时也带来无限的惊喜。为了儿子转读特殊教育，我于2014年夏天完成的博士论文题目为《永不放弃希望：一位自闭症者母亲之生命故事》，其中一项研究目的即是"希望社会大众认识自闭症患者"。就在完成论文前两个月，地铁发生的乌龙事件，对我来说不啻为一个苦涩的奇迹。借着台北地铁乌龙事件，自闭症成为社会大众关注的议题，也带来极大的回响，延续许多媒体持续报道的热潮，是我在着手撰写论文时始料未及的。

事件当天，张敦捷被带回警局时，他完全不知道发生了什么事情，手上依旧拿着他心爱的计算器。我接到警察通知，匆忙赶到警局，以为只是像往常敦捷在外迷路一样要接他回家，却在警局门口看到一辆辆媒体采访车，我还猜想最近又发生什么大事，没想到听警员说明来龙去脉，才知道自己的儿子竟是事件主角。我向警员解释，自闭症患者沟通困难，无法适时表达歉意，才会造成误解。本来觉得这不是一件光彩的事情，想请警员护送我们出去，警员却告诉我，已有多家采访媒体聚集在门口等着采访。分局长认为我既然是特教教师，应该大方出面说清楚讲明白，以免媒体误解而报道错误。突然间，我想到最初撰写论文的目的之一，不就是希望社会大众对自闭症者多一份认识与了解吗？因此我当机立断，决定勇敢站出来为儿子和自闭症者发声。

我向媒体表示，自闭症患者的特质是沟通障碍、人际互动困难，还有一些执着的固定行为。我想之所以造成误解，是因为他表达困难，不能立即向被碰触的当事人道歉，但真正原因也是前一周的地铁砍人事件余波荡漾，导致民众恐慌所致。隔天媒体一窝蜂跑到学校继续采访我，原来他们对张敦捷产生了兴趣，想继续追踪敦捷的优势能力。

记者从我的叙述得知，敦捷在四五岁就能写出二、三和五的倍数到两千多，小学三年级能开六次方根、写出六位数的质数，更引发了他们的好奇心。虽然大多数的自闭症者出门须有大人陪伴，但由于敦捷从小出类拔萃的数字能力以及优异的空间概念，有人形容他宛如超级 GPS 和人体计算机，加上他喜爱自由，且能正确使用金钱买东西、搭乘大众交通工具、看懂列车时刻表等特质，经过多年的陪伴与确认，我才能安心让他独自一人到处旅游。

当我勇敢出来面对媒体，惊喜地发现所有的媒体针对此事都采正向报道，网络新闻下方留言区的读者也热烈讨论，惊叹敦捷的数学才能，并且肯定我的勇气与智慧。我也接到自闭症总会理事长的电话，在电话中感谢我发声为许多自闭症患者的家长解围，我才知道原来某谈话类节目中，有位心理咨询师以为郑捷是一位亚斯伯格症患者，害得许多家长人心惶惶。这次事件除了引起平面媒体、电视新闻报道、网络新闻之外，还有许多节目专门邀请我与敦捷受访，我也尽己所能，向大众介绍自闭症患者的行为特质，希望"了解"能够取代"误解"。

然而，要引导社会大众认识自闭症患者，毕竟不是短短几个月时间就一蹴可就的，我也想呼吁家有特殊孩子的家长，我们有特殊孩子，不是件羞愧的事。每个孩子都是上帝赐给我们的宝贵资产，每个人都是独特的，唯有家长自己先学习坦然接受、先爱自己的孩子，别人才能爱我们的孩子。

提笔写下本书，道尽母亲对于孩子无止尽的爱。爱是永不止息，就算孩子身有缺陷，仍然是母亲的心头肉、是母亲永远的心肝宝贝，也是母亲甜蜜的负担。这份永不止息的爱，是即使精密如敦捷手中时常把玩的计算器，也无法计算出来的。这一路走来，我深切体悟到家有特殊孩子，家人更要包容孩子的缺陷，学会忍耐，并永远抱持希望，相信孩子会进步，同时对他的未来怀着盼望。而大事记中的"台湾雨人"是敦捷上节目时被给予的称号，因为他在数字方面具有天赋异禀的能力，就如同电影《雨人》中的自闭症患者一样。虽然到目前为止，尚未找到适合的舞台让他发挥，但我这个"特教妈妈"将一路陪着他继续闯下去。若因地铁事件的契机，让社会大众因此对自闭症患者多一份认识、理解与包容，也将是对许多有自闭症患者家庭的支持与鼓舞。

第一课

"雨人"到我家

当我看到儿子的头在水底努力挣扎，才猛然清醒过来，赶紧抱起他。

此时我的情绪几乎崩溃，我紧紧地抱住儿子，一直跟他道歉，不断对他说："对不起，对不起，妈妈对不起你，如果妈妈都不爱你，谁来爱你呢？"

生产的惊险回忆

　　儿子在 1990 年 7 月出生，在之前的五年内，我曾自然流产过两次，因此再度怀孕时，医生担心这次也会习惯性流产，便交代我要在家好好地静养待产。我知道自己的个性无法待在家中不去工作，即使每天搭出租车，也要坚持正常上下班。当初公司五名女性员工中只有我怀孕，同事看我的肚子尖尖的，都认为我怀的宝宝一定是男生。

　　由于之前的两次流产事件，我小心翼翼地注意许多生活细节：不敢拿重物，不敢把手举高，不敢随意搬动房间物品等。经过最初三个月后我才稍稍放心，虽然肚子经常被踢得好痛，但也高兴孩子有强盛的活动力；到怀孕后期，却又开始担心早产，好不容易熬到预产期，三天两头就往妇产科诊所跑，医师叫我不要太紧张，他还觉得奇怪，我不是已经生过一个孩子了吗？

　　直到超过预产期十几天，我才感到状况开始诡谲，每天都感到腰部传来阵阵酸痛，但这种感觉又很快消失，我希望它能愈来愈密集，但它就是不听使唤。生产前一天，我因为羊水破裂到妇产科诊所待产，一整天经过数次检查，后来护士让我吞了催生药丸，但骨盆就是没有完全张开，没有要生产的迹象。经过一天一夜的折腾，隔天早上经超音波检查，才知道儿子脐带绕颈，两颗大眼睛直视前方。我常告诉别人，儿子从胎儿时期就很皮，竟然跳绳跳到让绳子绕在自己的脖子上。当初又怎么会料到，怀胎十月，前三个月怕流产，最后三个月怕早产，没想到最后竟然演变成难产，得动手术才能让儿子来到这个世界上。

一转眼就过了二十四年，现在回想起这些事情，也许时间真是最能疗伤的一帖药。历尽千辛万苦才生下儿子，身心都告极限的折腾绝对不是三言两语能表达清楚的。经过两次自然流产、怀胎十月这段漫长的等待和煎熬，最后儿子竟然脐带绕颈出生，也就是因为这个意外，先生总说儿子一定是因此脑部缺氧，受到部分损伤，才会造成自闭症。

孩子出生当时，麻醉药作用尚未完全退去，我只依稀听到他的哭声。我问先生和妈妈儿子长得怎么样？四肢健全吗？五官端正吗？妈妈告诉我他是一个白白胖胖的可爱男宝宝。我想，一般的父母在孩子出生时，最在乎的总是孩子的四肢和脸部五官有无异状，毕竟刚生下来时，我们也只能看到他的外表而已。

接下来我在诊所住了七天，等到麻醉过后，腹部的手术伤口好像要撕裂开来似的，反复折磨的疼痛实在难以忍受。伤口的痛楚加上胀奶的不适，简直快要让人抓狂，当时的我怎么也想不到，未来还有更大的煎熬和挑战呢！

懵懂的婴儿时期

儿子小时候非常安静，不哭也不闹，大约四小时喂一次奶，尿布湿了就换。平常就乖乖地躺在床上，两只手常在自己眼前晃啊晃的。当时儿子由妈妈二十四小时照顾，我则全心投入工作，每天下班后回娘家吃晚餐，看看儿子，没停留多久又赶回家，大女儿则由婆家带到五岁，所以我不太清楚一般幼儿的发展状况，只知儿子幼时似乎和一般孩子的发展没什么两样。人家说："七坐、八爬、九发牙。"娘家在公寓的一楼，印象中儿子十个月左右，便时常坐在婴儿床里玩耍，有时妈妈也会在地上铺着纸板，让儿子坐在纸板上玩。

十一个多月时，儿子常会扶着婴儿床的栏杆站起来，我让他学习在地上自己站起来，他会想办法扶住椅子或桌脚之类的东西。刚开始他摇摇晃晃走了几步，经过三四天后，他竟然就可以稳稳地走上至少三四米远。学会走路之后，他就像一般的孩子一样到处走动，东碰西碰，有时一手拿着玻璃瓶，另一手拿着塑料瓶，他会轻轻地把玻璃瓶放在地上，而另一手的塑料瓶就随意丢开，当时我觉得他能分辨玻璃瓶是易碎物，还挺聪明的。此外，儿子和其他同龄孩子一起坐在婴儿床里，我帮他们照相时，他们的眼睛都会朝向镜头。当时儿子并未露出异状，我也没特别留意他与其他孩子互动的情形。

儿子一岁左右时，会站在婴儿床里看连续剧。记得有一次，剧情演到一个人很凶地在骂另一个人，儿子看到时还用手轻轻拍着前胸，脸上的表情一看就知道是怕怕，当时我还乐观地觉得儿子的认知能力相当不错嘛！

语言迟缓，大只鸡慢啼

然而，儿子到了两岁多还不会讲话，也从没开口叫过"爸爸"和"妈妈"。我听说男生的语言发展比女孩子较慢一些，便没特别在意，想再等待一段时间，后来才听一位邻居说儿子可能是高功能自闭症，建议我带儿子到医院检查。这位邻居当过志工，但是当时我也不知道"自闭症"的详细状况，便带儿子到医院检查耳鼻喉和听力神经传递等问题，检查结果并无异状。妈妈安慰我说："可能是大只鸡慢啼，你三四岁的时候，还不是这样，现在也是那么会说话，不要紧啦！不用烦恼。"

所谓的"大只鸡慢啼"，就是指大器晚成的意思。不仅是儿子，连我小时候，大舅舅都说："这个憨芬嘛！不知道长大以后会不会读书？"我考上博士班以后妈妈还常提起这档事。只是现在回想起来，也许"大只鸡慢啼"是一句安慰我们做父母的话吧。许多父母急于看到孩子的成长，常常缺乏耐心等待，老人家就会说这句话以示安慰。

现在回想起来，妈妈会说"大只鸡慢啼"，除了联想到我小时候的成长经验以外，可能也与儿子的脸长得聪明伶俐，还有儿子懂得弯下腰轻轻将玻璃瓶放在地上的行为有关。但是"大只鸡慢啼"毕竟是安慰性质的话，我也曾听其他身心障碍者的家长表示，她们的孩子发展较慢，也曾被别人用类似的话来安慰。后来想想，或许当时我也是不愿意承认自己的孩子有问题，所以常常用"大只鸡慢啼"的心态来安慰自己，至少心里能得到些许的安定。

误食高血压药，送医急救

儿子一二岁时，妈妈常背着他做家事，有时太累把他放下来，又怕他走出去，只好用丝袜绑在儿子的腰上，限制儿子的走动范围。那时候还被大舅开玩笑说要妈妈注意儿童保护法，妈妈说为了安全考虑也无可奈何。

那段时间我刚换新工作，有一天接到妈妈的紧急电话，说儿子误食她的高血压药，要我赶紧到医院。娘家经营杂货店，常有邻居在店里喝酒或聊天，当时妈妈在厨房忙碌，邻居突然走到厨房问妈妈："这个时候臭弟怎么想睡觉?"妈妈一看就觉得不妙，儿子就算想睡觉，也不会全身软绵绵的，一查之下发现她的高血压药丸少了一些，赶紧请邻居叫出租车送儿子到最近的医院灌肠急救。

　　妈妈和邻居先送儿子到了医院，我才赶过去，妈妈一看到我就哭了出来。她说自己没有把高血压的药丸藏好，儿子应该误以为是糖果，抓到就吞了下去。她说："如果臭弟有什么三长两短的话，我也不要活了。"我虽然心疼儿子，但也不忍责怪妈妈，我忙着安慰妈妈不要责怪自己，不要想太多，这种事情谁也无法预料，还好妈妈警觉性够高，及时送医，这也是不幸中的大幸。

疑似自闭症，到处就诊

儿子经医生检查，确定听力没有问题，热心的邻居便介绍我去找心理师评估儿子的心智问题。那是私人开立的工作室，和坊间诊所有点不同。到了那里之后，她拿了一些玩具给儿子玩，且下了一些口语指令，如拿上面的球、下面的拼图等，但儿子似乎搞不清楚上面、下面、里面和外面等。我也不知道当时她使用何种测验工具来评估儿子，只在最后听到一个"疑似自闭症"的名词。1993 年看诊的评估费用就高达新台币三千元，有点过于昂贵。另一位曾经在医院当过护士的邻居便介绍我带儿子去妇幼医院儿童心智科检查，诊断出的结果确为语言发展迟缓，疑似自闭症。

当时对我而言，"自闭症"这个名词是陌生的。当时我在乎的是儿子都已经三四岁了，仍然不会开口讲话。我隐约知道儿子确实有某方面的问题，因此只要人家说哪里好，我和妈妈就赶快带着儿子往哪里跑。当时邻居介绍马偕医院有位沈医师是儿童脑神经权威，我便又带儿子到马偕医院求诊。

当时的工作假日无休，因此平时有事可以自由请假。我每周抽出一个半天，请先生开车载我、儿子和妈妈到马偕医院，到了马偕医院门口后，先生放我们下车，再回去忙他的生意，我和妈妈则等儿子就诊后，再搭乘出租车回家。

我在诊疗室里看到好多孩子，他们的头上、手上都插着许多针。我听一些家长说，这种针灸治疗疗程至少得持续半年以上才能看得到一些成效，但也听说并非每个孩子都能看到效果。接受疗程的儿子前额插着针，手背上也插着针，看了实在令人心疼。那些针至少要插半个小时以上，担心儿子坐不住，会把针拔掉，我和妈妈便带他在外面到处游逛，引来路人好奇的眼光。听着儿子不断哼声，小小年纪就得遭受如此折腾，我实在百般不忍，恨不得帮他承受，真是"针在儿身，疼在娘心"。

但不舍归不舍，就算百般无奈又如何，一想到人家说沈医师是脑神经的权威，我也只好每周带着儿子持续治疗。这种脑部针灸的费用一次得花六百元，经过半年多的治疗，似乎没什么成效，只好放弃再继续寻求其他方法。

确诊为自闭症如同晴天霹雳

儿子六岁时，我们经人介绍来到了台大医院儿童心智科，主治医师向我询问儿子三岁前的一些状况，又说心理师要帮儿子作测验，需要儿子单独与心理师在一间就诊室里，家人不能在旁陪同。我只记得那个测验进行了一个多小时，测验结束后，医师与我详谈儿子的状况，并确定儿子是自闭症患者。

我对"自闭症"这个名词并不陌生，却不是很清楚它的症状，后来上网查询一些自闭症相关信息，顿时觉得天旋地转，无法接受这个事实。从数据中得知，自闭症无法痊愈，只能通过教育减轻和改善症状而已。千千万万个为什么与自责顿时涌上心头。

有一段时间，我想医学无法帮助孩子，便和妈妈带着儿子到处寻求民间宗教资源，求神问卜，得到的结果大多是儿子过去犯错或是祖先问题，需要举行法会，继而让儿子给神明当儿子求保佑。从儿子两岁多起，我就一直在重复"求医"与

"求神"这两件事情，一直到儿子快七岁，才开始慢慢能说几个单字或两个字的语词，我更是焦虑不安，实在无法想象儿子的未来该怎么办？

台湾传统观念普遍认为家中有特殊小孩，都是祖先或是自己上辈子所犯的过错所招致的报应。当时对我而言，这种观念等于是二次伤害，却也找不出更好的方法来调适。敦捷被诊断为自闭症时，先生一直在猜测原因，猜他出生时脐带绕颈造成脑部缺氧、在两岁多误食外婆的抗高血压药；我也不断自责是否在怀孕期间服用感冒药、情绪不稳而影响胎教等，那时的我并不知道自闭症的成因，也无法接受自闭症的状况。只记得在我怀儿子两个多月时，一位算命师说他长大会很优秀，为何优秀的孩子却是自闭症呢？

虽然之前已有医师诊断为疑似语言发展迟缓、疑似自闭症，然而当儿子被台大心智科医师确诊为自闭症的当下，明知自己的孩子的确有异常之处，但听到"自闭症"一词仍无法接受。当时我已经够自责难过了，没想到先生更落井下石，常说："你很厉害，生一个自闭症，才万分之四的概率就被你碰上了。"我忍不住回讯："没有你，我怎么生得出小孩，他又不是从石头蹦出来的！"当时我只觉得先生很大男人主义，只顾着把孩子的问题推给我，找机会便冷嘲热讽，冷言冷语听了令人不快。那段时间，我与先生的关系也降到冰点。

自闭症的症状与诊断

从肯纳医师在 1943 年发表《情感接触的自闭障碍》论文，首开自闭症研究先河，迄今自闭症已有七十多年的历史，依据国内、国外学者与社会团体对自闭症的定义综合如下：自闭症为在三岁以前婴幼儿期显现，系因脑部功能损伤使得中枢神经系统受损，而引起的广泛性发展障碍，且常伴随着有智能障碍、癫痫、多动、退缩等障碍，自闭症有其共通特质亦存有个别差异，在语言沟通、社会人际互动方面有缺陷，且有固执、同一性或反复性的行为等。

就医建议

由于自闭症症状是因先天脑伤造成中枢神经系统受损，在三岁以前婴幼儿期显现，父母在孩子一岁以前，要注意孩子的发展状况，并注意孩子在互动上是否有眼睛不注视人、稍大时玩玩具是否有固定模式、游戏模式缺乏想象性、情绪过于安静或吵闹，以及沟通问题等。当发现孩子有异状时，千万不要拖延，应赶紧带到医院的儿童心智科就诊。

妈妈的失控

敦捷快五岁时，我将他从娘家带回自己家照顾。和儿子朝夕相处，我开始发现他的许多行为常搞得我不知所措。例如在墙壁到处写数字、用美工刀划破沙发、把衣服从家里往楼下丢、将照片塞在电梯门缝里，或常常将我的化妆品挤得到处都是，以及出门看到商店就急着往里面冲等。

那时他的听理解能力非常差，又没有口语能力，几乎难以与他沟通，当时我只会大声责骂，却无法收到成效。有一次，我们在住家附近，他又想冲进商店时，我又气又急，竟直接扑上前将他压倒在地上。虽然知道责骂、肢体暴力无法有效解决问题，但当时找不到其他方法，若儿子在外面出现脱轨行为，我甚至无法在乎路人的异样眼光，只能急着不计一切地阻止他的行动。

有一天我要帮儿子洗澡时，他先进入浴室，将沐浴乳和洗发精倒了满地，我进浴室时差点滑倒，一时之间气到不行，他过去种种顽皮的行为浮上心头，这件事仿佛成了导火线，我的怒气被彻底引爆，想都没想就气得冲上前，用双手将他的头压进浴缸满满的水里。当我看到儿子的头在水底猛烈挣扎，才猛然清醒过来，赶紧抱起他。此时我的情绪几乎崩溃，我紧紧地抱住儿子，一直跟他道歉，不断对他说："对不起，对不起，妈妈对不起你，如果妈妈都不爱你，谁来爱你呢？"

心理状态的调适

现在自闭症患者越来越多，社会支持对于家长心理的调适非常重要，家长千万不要单打独斗，建议多参与家长团体，以寻求抒发情绪和学习教养的策略。研究指出，借由社会资源的提供可降低自闭症患者家长之身心压力程度，且感受压力越高，适应越差，而周遭所提供的社会支持越多，适应则越好。

为儿毅然转习特教

从浴室压头事件过后，我深深警觉自己过去对待儿子缺乏耐心，决定好好教导他。我上网查询了一些有关自闭症的信息与教导策略，决定从日常生活实物教起。例如我们在客厅时，我会指着电视机说电视机，指着沙发说沙发，指着电话、电灯和电扇等说对应的名称；在厨房时，我指着冰箱、煤气炉、碗盘等说实物名……就这样慢慢地逐字教导。虽然在教导时儿子的眼睛不见得会注视着物品，但我还是耐心地慢慢解释。解释完名称之后，我也教导儿子认识颜色：我指着红色积木说红色、绿色积木说绿色、黄色积木说黄色。在外面带儿子过马路时，我也会指着红灯说："红灯停，不可以走。"当绿灯亮了，我就告诉他说："小捷，绿灯了，可以过了。"就这样一点一滴地教他，虽然他没有直接跟着复诵这些物品的名称，但通过这样耐心的教导，大约半年之后，有一天当我再指着周遭的物品时，他就突然能够一一说出物品的颜色了。此时我欣喜若狂,他是真的可以被教导的!虽然学习速度非常缓慢,但长时间下来仍可看到成效。只是当时我并未受过专业训练,只是凭着一股妈妈的直觉在带儿子初步认识世界,对自己的教学方式仍然战战兢兢。

那时我的工作不甚稳定,在小学担任近五年的代理代课老师,后来才决定参加师资班考试,并于2000年考取特教师资班进修资格,来年考取代理代课教师资质,成为特教教师,两年后又参加甄试成为正式教师。

在1998年决定报考师资班,是考量教师职业的稳定性以及未来进修的发展性,1999年又参加英文师资班考试、大学代课考试以及特教师资班,前两者成绩都距离录取分数甚远,而特教师资班考试分数却只差了4.5分。当时我心里总是想着,若能考上特教师资班,正式成为特教老师,不但可以进一步帮助敦捷,更能运用所学帮助其他特殊孩子。因此来年我干脆全神贯注,专心准备特教班师资考试。年近四十才转换跑道相当不容易,体力和记忆力都比不上应届毕业的学生,但只要想到敦捷,全身仿佛充满了动力,正式录取的那一刻,我欣喜若狂,才庆幸或许冥冥之中真的自有安排。

第二课

曲折求学路

　　我用儿子喜欢的食物与他约法三章：他早上先跟我说晚餐想吃什么，我会打电话询问老师他到工坊的时间，只要他能准时到，晚上就会带他去吃他早上点的东西，如果当天他迟到则没有选择余地。这招果然有效。

学龄前的困境

儿子到了四岁多，我们找了好几家幼儿园，都无法招收儿子入园。因为儿子没有口语能力，找了至少四五家，才有一家愿意接纳儿子。我把儿子的症状告诉园长，这位园长对儿子非常有耐心。由于儿子在幼儿园无法和其他孩子一样学习到基本的认知或规矩，园方便特别请一位老师随时跟在儿子身边，就近照顾儿子并监督他，以免他乱丢东西。当时园长说儿子特别喜欢听撕纸的声音，常常把纸撕成一条一条，很享受的样子。但他长大之后，这种特殊行为却自然消失了。

儿子幼儿园毕业时，园长邀请我去参加毕业晚会，我见别的家长高高兴兴地与孩子一起玩游戏同乐，我的孩子却无法参与游戏，我只能在一旁拿东西给他吃、随时盯着他，以免乱跑影响会场秩序。

亲自养育儿子后，我也经历了快两年的时间才决定要好好教导他，但不免还是会羡慕其他家长可以快快乐乐地陪伴孩子，相较之下自己的出席就难免显得迫不得已。毕业晚会上，我看着孩子们还在玩游戏，便告诉园长我们要先离开，赶紧落寞地把孩子带走。

学龄前教养建议

儿子1990年出生，直至1995年才开始其学前教育，当时的法令并未有此政策，而且儿子的口语发展迟缓，一般幼儿园不接受儿子，父母须自行寻找资源，也确实花了相当多的心力和精力。当时坊间能找到的幼教老师也缺乏特殊教育知识，更没有巡回辅导或是专业团队服务等协助，以符合部分孩子的特殊教育需求。

台湾虽在1990年左右开始早期疗育的发展，但资源普遍匮乏，在近十几年来，有关部门逐渐重视早期疗育的成效，医院以及民间诊所开始提供一些专业治疗服务，例如语言治疗、职能治疗、物理治疗、心理治疗等，家长可听从医师的建议安排孩子的复健治疗，但不能单靠专业治疗，在家也要配合治疗师建议的方法去持续执行，相信孩子会慢慢进步。

小学阶段：就读普通班或
特教班的两难

初入小学，妈妈亲自拜托老师

儿子进小学前，曾参加过自闭症家长协会所准备的自闭症学前准备班，但当时他的口语能力只有单字，还不会说词语；加上多动坐不住、服从性差以及行为规范不佳，我实在很担心他入小学的状况。儿子的基本生活自理能力尚可，能自己进食、更衣与如厕，但因沟通问题、常规不佳、多动与人际互动问题等，都会造成他适应团体生活的困难。

儿子于 1996 年进入小学一年级，我想就近照顾儿子，因此让他在我任教的同一所学校就读。那时儿子只能说一两个字，例如裤子、车、喝水、尿等。而当时的转衔教育安置才刚实施几年，转衔教育制度尚不严谨，学校没有特别安排儿子的班级。我私下拜托一

23

位老师，向她说明儿子是自闭症，除了沟通有困难以外，与他人的互动也有显著困难，加上多动坐不住，请老师多加引导和留意。

不适应环境，竟偷偷溜出校门

新学期的开始，除了二、四、六年级是由原班升上来以外，一、三、五年级对于老师和学生而言，都是陌生的人、事、物。那年我担任三年级的级任导师，在早自习时间，我站在讲台上跟学生说话，不到十分钟，儿子班上的同学就慌慌张张地跑来告诉我，儿子不在教室，不知道跑去哪里了。导师很心急，通知训导主任广播寻找，并请工友去找儿子；由于儿子的导师还要照顾班上三十几位学生，无法帮忙寻找儿子，我便带领班上学生一层楼一层楼去找。三年级的孩子还小，我也陷入两难，听到一位女孩说："怎么会这样？开学第一天就在帮老师找孩子啊？"我更是愧疚。找了约半小时，遍寻不着，警卫告知没看到孩子从校门口出去，因为学校大门平时是关上的，他们猜想敦捷可能会从学校大门旁的小洞溜到外面去。

校内每个角落都找遍了，就是没有发现儿子。我打电话给先生，请他骑摩托车循着我们家到学校的路径寻找，自闭症家长协会的志工也加入寻找行列。我急得像热锅上的蚂蚁，犹豫着是否要报警处理。就在此时，我看到邻居骑着摩托车载着妈妈到了学校门口，妈妈一见我就开口说："臭弟找到了，现在人在家里，我怕你担心，赶快来告诉你。"我赶紧把这个消息告诉先生。学校行政、级任导师和协会志工总算都松了一口气。我向他们致谢。教务主任非常体贴，心想我虽然找到孩子了，但仍惊魂未定，因此拜托一位组长帮我代课，要我赶快回妈妈家里看儿子。

回到娘家，妈妈说儿子是被之前幼儿园的一位老师发现的。那位老师调到别家幼儿园，机缘巧合在园内发现了儿子。她说儿子应该是爬墙进去的，而墙上有许多碎玻璃，当她发现儿子时，马上认出他是市场杂货店阿嬷的孙子。她看到儿子正在找杯子想要喝水，全身脏兮兮的，赶紧用毛巾帮儿子擦拭干净，又倒水给儿子，并装饭给他吃。后来心想孙子走失了，阿嬷一定很紧张，赶紧骑摩托车将儿子送回妈妈家里。她又告诉妈妈，那条路上有许多砂石车，两人至今都想不明白儿子是怎么安然走进那家幼儿园的。

我听妈妈说来，真是心惊胆跳，全身都起了鸡皮疙瘩。儿子当初只能说几个单字，当然说不出家里的住址和电话，也幸亏儿子福大命大，能被认识的人找到，要不然一走失了可真的回不了家。事隔多年，到现在想起来仍然记忆犹新、心有余悸！

申请在家教育半年，儿子在外寄居一个月

儿子开学的第一天就溜出校门，这件事引起校方的关切，训

导主任也告诉我一个信息。他说有一位戴女士（化名）也住在板桥市，她有两个儿子，大儿子是大学生，小儿子也是自闭症。两位儿子皆已成年，她目前在家帮忙照顾教导自闭症的孩子，听说成效还不错。我跟先生商量，决定带儿子去了解状况。

一到她家里，我左顾右盼观察环境，客厅某个角落的沙发上放着一堆未折的衣服，整个环境看起来较为阴暗，同时也闻到一股尿骚味。她在一旁解释："我忙着照顾孩子，没时间整理。"我依稀记得当时有三四位孩子在客厅，由于她帮忙接待我们，那些孩子便呆呆坐在原地。我看到一些玩具，她说明："自闭症的孩子，眼睛经常不会注视人，我特别设计一套教具，让孩子将球放进洞内，注视着球滚下去，可以训练孩子眼神追视和手眼协调的能力。"

由于担心儿子再度走失，询问戴女士之后，她说可以负责全天候照顾，包含饮食费用。她请我们放心将儿子留下，并交代我们不要随时来探视儿子。我们要离开时，儿子转过头来，看向我们。戴女士要儿子跟我们说再见，儿子便小声地说再见。我们离开之后觉得很纳闷，为何她不让我们随时去看孩子？尽管我们对那个环境不甚满意，但暂时也想不出更好的法子，我想她本身有一个自闭症的儿子，已长大成人，拥有这么多年的教养经验，对于自闭症一定相当有办法。心中纵使再多不舍和不愿，此时此刻也只能将儿子暂时寄放在那里。

我那时的心情非常矛盾。儿子由妈妈照顾了快五年，自己才照顾儿子短短两年，现在又一个劲地把儿子往外推。当时只想着别人较有方法，交给专业的人带会比自己瞎摸索来得好，多年之后回想起来，才意识到当时的自己彷徨无措，牢牢抓住的浮木实为逃避。

至寄居处突击检查

儿子在戴女士那边住了两个多星期，我还是按捺不住想探望儿子的心情，妈妈也想知道儿子在那边过得如何，所以我决定不管她当初的嘱咐，直接去看儿子。到了戴女士家，戴女士一看到我，神情看起来似乎很惊讶。我一进门就看见儿子坐在角落的小凳子上，眼睛马上朝向我，小声叫出"妈妈"，但并没有站起来迎向我。

那时候戴女士正在为孩子准备午餐，她把食物剪得细细碎碎，再搅得糊糊的。她说自闭症的孩子大多会偏食，将食物弄得细细糊糊的，他们就不知道里面是什么东西了。后来我看她用搅碎好的食物喂食另一位孩子，她大口大口地将食物塞进孩子口中，似乎不管孩子是否已彻底吞下去，便继续要灌下一口。我东看西看，走到浴室时，看到另一位孩子坐在浴缸里，浴缸没有放水，她说孩子不乖被处罚坐在浴缸，不准他出来。我还看见她拿着衣架在孩子眼前晃动，似乎是在吓唬孩子，而儿子看到我却不敢站起来，不知道是否受过其他处罚。我心中纳闷，她会处罚其他孩子，若她认为儿子不乖，会如何处置呢？我问她："小捷在这边乖吗？"她回答："他很好啊！"我向她道别离开时，儿子仍静静地坐在小凳上没有起来，眼睛飘向我，小声地说："妈妈再见。"

　　我回到家把看到的情形告诉妈妈和先生，他们都感到心疼，担心敦捷在那边并没有受到良好的照顾，决定一起将他接回家里。先生和我向戴女士表明要带儿子回家时，她让我们整理儿子的衣物和用品，还说："你儿子很聪明，你要多教导他，他会慢慢进步的。"

　　我谢过她，赶紧带儿子回家，先生说为了要庆祝儿子回家，决定全家到楼下的港式餐厅用晚餐。看着儿子在椅子上坐不住，跑上又跑下，与他在戴女士那边完全判若两人。我眼眶发热，对先生说，我宁愿看他像猴子一样跳来跳去，也不要他呆呆地坐着不敢动。先生也有同感，两人讨论过后，决定再帮儿子寻求妥善的环境。

再度把儿子往外推

　　当初从戴女士处把儿子带回家之后，我曾拜托某位担任幼儿园园长的邻居帮忙照顾儿子。当时我正在担任代课教师，下班时间也在忙着其他工作，因此我拜托她连晚上也代为照顾儿子。我把儿子留在园长那边睡觉，几乎天天忙到晚上九点多，才匆匆忙忙去看儿子，那时已是儿子要就寝的时间。园长用小被子围住儿子的肚子，以免他踢被子着凉，我看到她如此细心，也就非常放心把儿子交给她照顾。当我要回家时，儿子总轻声对我说："妈妈再见。"我听了一阵鼻酸，却只能急着赶快回家，继续未完的工作。

儿子重新就读一年级

儿子虽然上过自闭症协会所举办的学前准备班，但他还是无法遵守学校规则，在入学的第一天就上演失踪记，因此我决定申请在家教育。半年后，接到市公所的强迫入学通知单，因此下学期继续在该校就读。1997年我考上学区内的小学当教师，儿子便也就近就读这一所小学，我与辅导主任商量，让儿子再从一年级开始就读，学校也特别安排了几位教师，其中一位老师是我在中山女高的学妹，我特别商请让儿子进入她的班级。

儿子多动，上课时常常跑到教室外面闲晃，她的班级还有另一位智能障碍的学生，不知是学校没有安排好，还是家长没有带这位孩子去医院鉴定，这位学生也有多动的情形。我很感谢这位学妹，她非常有耐心，有时候他们溜出教室，她会立刻出去找，但总不能将一整班孩子置于不顾，她便会向行政单位寻求协助，让行政人员帮忙找孩子。我不在乎儿子的学业成绩，只担心他与同学的互动，但是他也鲜少与同侪互动，我算是幸运，几乎没听到其他家长抱怨儿子，儿子就这样惊险又幸运地过了一年。

暂时将儿子安置在特教班

儿子二年级时，班上另一位多动的孩子转到特教班，老师稍稍松了一口气，因为只剩下儿子一位特殊学生留在班上。但到了下学期，一名五十几岁的妇女，不知什么原因跑到学校顶楼，在四下无人时一跃而下。儿子也曾经跑到顶楼，学校担心他的安全，有一位教师建议将儿子转到特教班，我自己也很担心儿子，且怕再造成学校行政单位的麻烦，因此接受了这个建议，儿子就这样未经鉴定安置会议，直接转到了特教班。

儿子再度回到普通班

跳楼事件过了一段时间后，儿子升上四年级，再度回到普通班。级任导师认为儿子在数学上确实有天分，但也表示她无法帮助儿子。我只希望孩子平安健康，不要求他的学业。直到儿子升上五年级时，班上换了另一位陈老师，她对学生非常有耐心，也常对我说："我对自闭症不是很了解，你是这方面的专家，日后有需要协助的地方，也会再请教你。"这位老师常在打扫时间牵着儿子的手教儿子背诵唐诗。由于儿子常在上课时间游走到其他教室，她还在学校刊物投稿一篇文章，叮咛隔壁班同学们看见儿子跑到他们教室时，主动叫儿子回到自己班级，不要觉得他的行为很奇怪。

后来陈老师发现儿子喜欢看女老师们的丝袜，便请教我处理方式。我当时曾向教授求助，教授建议使用玩偶做角色扮演，让儿子知道不能随意窥看他人的身体部位。但陈老师后来表示，儿子根本不看玩偶演示，我便再想了新的方法，请她发现儿子想看老师丝袜时，直接告诉他"有穿丝袜"。我不知道她是否都以这个方式处理此问题，但后来我在学校和她见过几次面，她都没有再提起这个问题。我知道普通班导师相当难为，一个班级有三十多位学生，有一位身心障碍学生在班上，确实对老师带来极大的困扰，但老师的引导对于其他同侪是否能接纳身心障碍者非常重要。这位老师向我提过，儿子虽然多动，上课时老爱到处走动，但同学都很善良，不至于排斥他。我想，这一定也是拜老师耐心引导、给同学机会之赐。

小学阶段教养建议

儿子在小学阶段时最令妈妈与老师苦恼的，主要还是行为问题。他在教室里因多动坐不住，常会起身到处游走，行政人员没有申请教师助理员协助，资源班教师未能提供行为训练，造成普通班导师教学的困难；资源班教师对儿子的能力与需求不甚了解，虽与家长多次沟通，但教学仍采针对其弱势学科如语文的补救式教学，对于儿子最欠缺的社交技巧，则未安排任何课程训练。

建议孩子入学前，家长事先将孩子的特质与一些个人症状诚实告知导师，最好能亲自到班上倡导，以寻求班导与同侪的接纳与协助。每当重新编班时，都要再次与新任导师与同侪说明，且当孩子在校有不当行为或不适应的行为，家长应与教师共同合作处理；另外也建议与资源班教师善加沟通孩子的特别能力与需求，以能提供最适合孩子的教学。

许多父母担心孩子被贴标签，不愿将孩子安置在特教班，但特教班会根据孩子的能力和需求以设计个别化计划教学，入小学前也会召开安置会议来决定孩子的教育场所，家长应该安心听从专家的意见。

中学阶段： 持续在普通班学习

暑假召开会议，将儿子安置在特教班

特殊学生在每个教育阶段即将结束时，都需要经过心评教师评估，再通过转衔安置会议，依据学生的能力将学生安置在普通班或特教班。老实说，我认为不论将儿子安置在普通班或特教班，都不是最适合的位置。儿子的口语表达能力差，语文理解能力也很弱，普通班的课程与教材当然不适合他，但特教班的学生障碍程度严重，美其名为个别化教育，但老师也只能补强其学科上的弱势能力，对于儿子的优势能力，也就是数字演算的强项，老师也爱莫能助。

儿子多动，加上他的人际互动关系贫乏，小学的特教组长、资源班教师与普通班级任导师一致认为儿子上了中学以后应该转到特教班，以免被青春期的同侪欺负。我独排众议，希望儿子留在普通班，仅拨一些节数到资源班接受特殊教育。由于我的意见与其他老师不一致，我们在暑假召开临时安置会议，共同讨论儿子的教育安置场所。小学这边的代表人员有特教组长、资源班教师和级任导师三人，中学则有各处室的主任与组长，我是家长代表，另外还有一位心评教师。

心评教师建议在普通班预留名额

会议过程中，我向老师们说明儿子的一些症状及特质，最后会议的结果是将儿子暂时安置在特教班，但心评教师对辅导主任提出建议，请她在普通班预留一个名额。辅导主任说："我们有两班特教学生，怎么可能帮每位学生都在普通班留位置呢？"这位心评教师很坚定地回答说："如果没有事先留一个位置，到时候经过正式安置会议，若重新评估将敦捷安置到普通班，普通班却没有名额，谁来负责呢？"开完临时安置会议，开学时，我便带儿子到特教班上课。

开学第二天，一位和我们住在同一栋大楼的特教老师对我说："敦捷根本就不属于特教班，你自己也是学特教的，怎么会让敦捷来特教班呢？你应该让你儿子到普通班，他还可以有一半的课程时间到资源班上课。"我回答："我也是希望他到普通班上课，但是小学的老师都怕他在普通班会被欺负，只好先将他安置在特教班，等到9月份开安置会议前，再提出转安置申请，届时我可以要求特教课提供较多教师助理员时数，以在旁协助。"

正式安置会议，将儿子改安置到普通班

儿子在特教班待了一个多月，我虽然知道不适宜，但至少不用担心他在特教班会跑出去。9月下旬，我上班时接到校方的电话，组长告诉我，今天下午要在秀山小学举行安置会议，问我是否有空参加。虽然事出突然，未接到任何事先通知，我还是请了假赶过去。

这是我第一次参加县内安置会议，我在会议室门口签了名，马上就听到老师在唱名。我进了会场坐下，旁边有学校的特教组长和心评教师，对面则坐了台湾师大的卢教授、教育部门特教课承办人员陈老师、家长代表和专业治疗师等。

心评教师报告儿子的情形、安置地点和需要的专业治疗之后，卢教授问："为什么会把他安置在特教班？"心评教师回说："他的语言沟通能力不好，社会适应表现也弱，我觉得他适合在特教班。"卢教授说："他是自闭症，当然口语沟通能力弱，可是他的情绪稳定，社会适应表现也还可以，待在普通班比较有机会学习人际互动和沟通。"旁边的陈老师向卢教授说明儿子的数字演算能力，卢教授便接着说："而且他还有数学的优势能力，我还想要研

究他呢!"卢教授又问我的想法,我说:"我希望将儿子安置在普通班,同时接受资源教育,但是我们在暑假期间召开过临时安置会议,小学的导师、组长和资源班教师都建议儿子应该安置在特教班。"

家长代表说:"张妈妈,当初我儿子也是要安置在特教班,但我觉得儿子在普通班较有机会学习,坚持把孩子安置在普通班,我觉得当初的坚持是对的。"卢教授看着其他人员,提议他认为儿子应安置在普通班,并接受资源教育。我也同意了。

我看到身旁的特教组长脸色发青,她小声说:"普通班教师不太懂自闭症的孩子耶!我们学校有一位在普通班上课的自闭症学生,他许多行为造成老师很大的困扰,所以老师们都会'闻自闭症色变'。"我也补充:"我儿子有多动行为,有时会坐不住,随意到教室外走动,担心造成老师的困扰。"卢教授说:"没关系,学校可以申请教师助理员,在旁协助他啊!"组长问:"那可以申请多久?"卢教授说:"等孩子慢慢适应学校环境后,当然就要慢慢撤除啊!"

就这样,儿子在会议隔天便转到普通班上课了。

一开始我的想法就是在儿子小学毕业后,转衔到中学就读普通班。虽然当时的评估教师认为儿子的沟通能力与社会适应表现弱,但我自己很清楚,儿子在特教班更难有与同学沟通和互动的机会,而且特教班学生的障碍程度较为严重,我希望儿子在普通班学习人际互动，虽然特教组长也认为自闭症安置在普通班会造成许多老师的困扰，但教育部门同意给予教师助理员协助，这也合乎我们的需求。

鉴定安置会议是经过教授、治疗师、家长代表、学校、心评教师与家长共同商议以决定适合学生的安置，其中家长的意见非常重要，当然家长也要对自己孩子的需求和能力了如指掌，若孩子平常自理能力没有严重问题，建议极力为孩子争取权益。

儿子喜欢普通班

儿子第一天到普通班上课。普通班教室在二楼，特教班教室则在一楼。他回家后，我问："敦捷，你喜欢在二楼还是一楼上课？"儿子回答："二楼上课。"

我一向不在意儿子的课业，只要他安全和快乐就好了。儿子也很幸运，他的导师能够接纳他，常常找时间跟他聊天。刚转到普通班时，我曾接过导师几通电话。由于自闭症者的行为有一套固着模式，当他脑中认定了小学的上课时段后，即使中学作息和小学有异，他也不为所动，继续小学的作息时间表，也因此造成老师不少困扰。

由于中学规定的到校时间是七点半，比小学的七点五十分提早了二十分钟，然而儿子升上中学后，仍然维持着小学七点五十分到校的习惯，引起不少困扰；又有一个星期三中午，老师说在学校找不到儿子，不知道他跑到哪里去了。我急忙赶回家寻找，结果发现儿子正在洗澡。因为星期三下午，儿子就读的小学只有半天课，我便回电话告诉导师："因为小学的星期三是半天课，他刚上中学还不太适应，所以擅自跑回家，我会再跟他沟通。"

儿子除了这次跑回家里，还有几次不在教室的记录。后来被老师发现，他有时候会跑到辅导室喝水，有时候跑到活动中心的游泳池旁，坐在那边玩计算器。不久后有教师助理员在旁协助，这种状况改善很多，开学一段时间后，儿子的几位专任教师认为儿子很乖巧，建议学校应该慢慢撤除教师助理员的协助。

儿子除了在普通班上课外，另外接受资源教育，教师与我召开个别化教育计划会议，希望我可以提供一些教学建议。我说："他的语文能力非常差，不会造句，但他喜欢写功课，学校出的作业，我会在家教儿子。至于数学，我觉得学校大概也很难教他。我相信老师的教学，只要他快乐学习就好了。"

儿子在普通班学习群体相处，到资源班接受语文、数学和英文，但遗憾的是中学资源班亦与小学一样，未规划社交技巧训练。儿子在普通班待了一段时间，我又问他："敦捷，你喜欢在楼上还是在楼下上课？"他的回答还是和之前一样，我确定儿子本身也比较喜欢普通班，就足够欣慰了。

行为契约

儿子刚上中学时，仍然坚持小学作息导致迟到，我也困扰了许久。后来和儿子定下行为契约，用他当时喜欢的物品作为条件交换，对有固着行为的特殊孩子而言，只要他清楚规定，自然就能遵守。

我拿出一张纸，在上面写下条件："每天七点三十分到校"，并且画出每日按时检查的空格，若准时到校，则在空格打一个勾，并告诉儿子，如果集满一定数字的勾勾，则可兑换一个他当时喜欢收集的塑料名牌。之后请他复诵纸上的契约并且签名，确定他真的理解契约意思之后，儿子就再也没有迟到过了。

并非每个孩子都适用行为契约，要确定孩子的理解能力没有问题，并且有投入固着行为的物品可作为交换条件，实行起来会较顺利。另外，行为契约一次只能针对一个行为，如果同时规范多项行为，孩子反而无法遵从。

颠倒问题选项

自闭症孩子的听、理解能力较弱，若在无法理解语意的状况下，别人询问他们问题，他们会无意识跟着后面的选项回应。我曾在特教班遇过一位学生，我问他："你是男生还是女生？"他回答："女生。"当我调换顺序再问："你是女生还是男生？"时，他又回答："男生。"这是因为孩子不理解"男生"和"女生"的语意，当我拿着图片问他时，他就能正确地回答："我是男生。"

因此当我问儿子问题，不确定他是否理解语意时，会将选项颠倒过来测试他的回答。儿子就读中学时，我曾颠倒选项两度询问他："喜欢在楼上还是楼下上课？"他的答案都是楼上的普通班，表示他的确能够理解语意，并且真的较喜欢普通班的学习环境。

与资源班教师沟通

儿子初二时，有一天晚上九点多，我接到资源班教师的电话。老师说："敦捷在学校这么久了，他的脾气一向很温和，情绪也稳定。但是他今天发了好大的脾气，以前都没看过他像今天发这么大的脾气！"我问："他为什么发脾气？"老师说："他今天要到资源班上课前，同学想告诉他，记得上课钟声已响完，不能待在外面不进教室，另一位资源班同学拉了他的手，他就生气了，跑去打沙发，还好没有打人。"

我说："敦捷的脾气很温和，他绝对不会打人，以后如果再有这种情形，请同学用嘴巴提醒，不要动手去拉他。换成其他同学，也不喜欢被随便拉手吧！"老师回说："好，那我知道了，我会提醒同学注意的。"直到下一次会议时间，我特别询问老师，儿子是否曾再度大发脾气？老师说那一次之后，就没有看到儿子再发那么大的脾气了。

触觉防卫

自闭症是属于先天性脑伤，许多自闭症者在感觉统合上有明显的障碍，有些对于触觉极为敏感。他人的轻碰、新衣服的穿着或是衣服的标签都会让他们觉得不舒服，这是因神经传导调整功能的障碍之一。以儿子为例，敦捷对于不熟悉的人，不喜欢让他们靠近，也不喜欢让人碰触。面对家人时，触觉防卫则比较轻微，但即使对方是妈妈，仍不喜欢被拥抱。

除了触觉之外，自闭症孩子的感官功能容易较一般孩子异常。常听见家长抱怨自闭症孩子对温度特别敏感，明明碰到温水却喊烫，或是父母轻轻拉扯，孩子却大声叫痛的案例。儿子除了触觉防卫行为外，我也发现他的听觉较一般人敏锐，而味觉则较为迟钝。例如在地铁尚未进站前便会先捂住耳朵；特别喜欢番茄酱，无论吃海鲜面、牛肉面、锅贴甚至水饺都一定要加番茄酱，在饮食上相当重口味等。

我常问敦捷："妈妈抱抱好不好？"他大多时候都会说"不好"。但有一次走在路上，天寒地冻，儿子习惯一个人走在前面，我便叫他回来，问："妈妈好冷，可以和妈妈牵手吗？"儿子却同意了，放慢他习惯的步伐，和我牵着手走了一段路。

身为母亲，多少会希望和儿子有较为温馨的互动，在拥抱或肢体接触时，或许也曾因为自闭症孩子的触觉防卫行为感到受伤。但若能接受这是孩子天生障碍的一部分，先以口头询问触碰的意愿，渐渐摸索出孩子的接受界限，对亲子间的感情培养都较有帮助。

妈妈密技

触觉防卫行为是来自神经传导调整功能的障碍，与其强迫自闭症孩子习惯他人触碰，不如理解孩子的特殊之处，以口头对话代替肢体碰触。

中学阶段教养建议

儿子在中学阶段情形大致与在小学阶段相同。孩子逐渐长大，大部分的自闭症者亦有交友动机，但缺乏人际互动能力，教师此时应引导同侪加以协助，导师对于特殊孩子的接纳是最为重要的；同时建议家长可请资源班教师提供社交技巧能力教学，我们的孩子学得慢，但并非学不会，需要学校跟家长一起努力。

高职阶段： 就学还是就业？

决定报考职业学校

儿子就读初三时，我又开始焦虑要如何安排他的未来。如果让他读一般私立高中，学校的特教资源不够，我担心老师无法辅导特殊学生，而且一般高中的教育是为了继续升学而准备，儿子的能力不足。左思右想，决定让儿子读职业学校。

特殊学生的十二年教育安置分为两区，我们只能选择其中一区，考虑到交通问题，我选择了台北地区，依离家距离的远近选填志愿，我填了海山高工、莺歌高职、穀保商职和能仁家商，最后才是林口启智学校。

弟媳初中时的老师当时在某高职任教，我们一起到学校拜访。弟媳的老师带我们去见辅导主任，我提出希望儿子进入高职后，能在综合职能班就读，因为一般高职有普通学生，可以增进儿子的人际互动能力。他向我们解释，学校只有一个特教班，特殊生与普通生的互动机会不多；而且特殊生必须参加联合考试，再依据分数分发，最后即使没有考取普通高职，也还能就读启智学校。他说一般家长认为启智学校名称不好听，但其实启智学校的特教资源较为丰富，更能提供特殊生较充实的教育。

专注罐头食用期限，未遵守指导语

考试当天，我请假带儿子搭出租车到林口参加考试。到了启智学校，许多家长和考生已经在场等候，我和身旁的一些家长聊了起来，分享到儿子的事时，那些家长都聚精会神地倾听，同时也适时地回馈。就在我们聊得起劲时，学校一位主任走过来，他听到我们的谈话，向我表示希望儿子到学校就读，但我心里仍然希望儿子能有机会考进一般高职。

考试时间，孩子们都在二楼考场笔试，我在家长休息区等候，但实在静不下心来，便与旁边的家长聊天。好不容易听到钟声响起，我上了二楼等儿子出来，又带领儿子到第二关考场应试。第二关考试总共有三关实作，完成一关再到隔壁教室继续测验。我在走廊观看，第一关实作要考生照着眼前的范例来摆放手上的罐头，主考人员宣读指导语，说动作愈快愈好，而且要正确。但儿子哪管这些指导语，只顾着看罐头的保存期限，直到主考官催促他要快一点，他才慢慢地将罐头摆好，我在外面看得十分心急，实在很想冲进去叫他加快速度，但他的情绪稳定，我只能观看而不能出声；第二关是老师示范拿水壶倒水，将装好水的杯子拿给老师，再把杯子收好放在盘子上，他倒是能照着完成。

儿子对数字非常好奇，即使在考试中，老师说要正确、快速时，也不愿遵照主考人员的指导语行动，只在乎保存期限的数字日期。这是自闭症的固着行为，他只专注在他有兴趣的事情上，根本不在乎正在考试。

考试结果出炉，儿子还是被分配到林口启智学校，我也坦然接受了这个事实。

一个阶段结束，另一阶段的烦恼

儿子进入林口启智学校到毕业这段时间，我开始烦恼他的未来，是继续升学还是就业？2006 年就读博士班二年级的时候，我选修了一门与人际沟通相关的课程，我在下课时找老师谈了儿子的事情，提到儿子是自闭症，对数字很敏感，数学演算能力很好，可是没有办法参加一般笔试。老师回答："没关系，教育部门明年起针对身心障碍学生，会有一些学校办理独立招生，那种不需要笔试，到时候你再上网看看。"

儿子预计在 2009 年 6 月毕业，不是马上要接受考试，我便先上网了解。得知 2007 年开始举办身心障碍学生大学独立招生，全台总共有八所学校开放名额，而北部地区有华夏技术学院与德明财经科技大学两所，心里暂时有个谱。

2009 年年初，我再上网查看有关独立招生的报名资讯，这一年北部地区多了一所东南科技大学，总共有三所学校参加独立招生。我想报名的时间未到，便将注意力转移到儿子的学业上，等到我再上网查询时，发现隔天就是报名截止日。当时正在放寒假，我打电话给学校询问能否补寄资料，校方回答不行，这事也就无法顺利办成了。

职前训练的困难

高职三年级时，林口启智学校会安排学生们参加工作实习，儿子被安排在校内的合作社帮忙。他可以将东西上架、摆好、点数量，但他的沟通能力和人际互动实在太弱，而且也常我行我素，经过评估，无法到庇护工厂或其他职场工作。我虽然不奢望他能出门工作，但也担心他没有能力继续升学。每当儿子转换到新的阶段，就是我伤透脑筋的时候。不管是工作或升学，对他来说都是非常困难的事情，但是儿子的未来，也只能依赖我这个妈妈来帮他规划。

到星儿工坊接受训练

儿子毕业那一年，本来可以参加两种考试：一种是身心障碍学生大学独立招生；另一种则是身心障碍学生升学大专院校甄试。前者不需要笔试，但是需要资料审查以及口试，儿子的口语表达能力最弱，笔试对他而言更加困难，升学之路困难重重。既然无法继续升学，我又得上班，白天无法照料，儿子又没有办法到外面工作，总不能让他每天在外面玩吧！当我一筹莫展时，之前的教师助理员告诉我可以找第一发展协会询问。那时大概是4月中，我打电话给协会，知道到他们有服务身心障碍成人的计划，但他们只招收重度障碍者，并告诉我名额已满。

我问了几位朋友有关职训的信息。在5月时，学校发了一份自闭症总会附属的"星儿工坊"的职业训练信息，我打电话过去，那边的社工说需要评估孩子的能力，我请她们预留名额，我会尽快带儿子去作评估。

6月中请假带儿子到自闭症总会评估，社工拿了一份评估表格，评估项目包含生活能力、认知能力、社会能力、沟通能力、感官知觉特殊性与情绪反应等。社工从我的口中得知儿子可以自行搭乘交通工具，这是很重要的考虑点，如果他无法自行前往，家长就必须要每天接送。社工示范后请儿子照着口令试做香皂，儿子的表现差强人意，勉强可以过关。

　　社工要我等候一段时间再告知结果，等待了几天，我主动询问，社工告诉我儿子可以过去接受职训。于是暑假来临后，我与儿子一同出门搭乘地铁，到了职训场所之后，我再步行到学校做功课。这个暑假，我们两人都是一同出门，分别在不同的地方各自努力奋斗。

工坊职训阶段：
一波三折的煎熬抉择

暑假结束之后，我白天上班，儿子自己搭车去工坊。刚开始我常打电话了解儿子的出席状况，确认他是否能遵守时间，并请一位老师帮我记录他的学习情形。她告诉我他们的职训课程有园艺、代工、团体活动与辅导课等，有时候会在教室，有时也会带孩子到室外活动或到代工厂工作。团体活动包含体能、听音乐、律动与小区服务。儿子在团体活动时大多从事个人活动，如专心写数字或玩计算器，偶尔才应付着参与一下子；他的工作态度也不佳，对于包装糖果、贴贴纸或拆装灯泡组的托盘等代工工作常敷衍了事，老师督促他尽快作业时，他有时会产生抵触情绪，开始咬自己的手背。

在工坊最主要的问题是儿子的出席状况。先生去大陆不在台湾时，他常常下午才到工坊，社工及老师大伤脑筋，打电话要我过去处理。总会的副秘书长告诉我："敦捷常常迟到，我们无法把握他的行踪，请你与他沟通，如果他再这样，可能会请你签承诺书，我们无法负责他在外面的安全。"

我早就料想到先生不在家时，儿子就会云游四海，于是我用儿子喜欢的食物与他约法三章：他早上先跟我说晚餐想吃什么，我会打电话询问老师他到工坊的时间，只要他能准时到，晚上就会带他去吃他早上点的东西，如果他当天迟到则没有选择余地。这招果然有效，虽然他参与训练课程的状况仍然不够积极，但至少改善了出席率。

妈妈密技

和自闭症孩子约法三章的内容不仅要明确，时间范围清楚无灰色地带，开出的交换条件也必须：(1) 对孩子有吸引力；(2) 可逐次重置，不至于无限累加导致父母无法负荷，如一次多给十元等；(3) 兑现频率与要求内容相同，如去工坊的日子必然外出吃晚餐等。

要求考大学，妈妈极度焦虑

儿子在自闭症工坊受训约一两个月之后，他跟我说不要去上课，我问他要工作还是要读大学？他说要读大学。我说今年没办

50

法考试了，还要在工坊上课几个月，等到明年才能考大学。他算蛮乖的，就这样，他有好几个月没再提起要读大学的事情了。到了来年一月，我上网查询有关身心障碍学生升大学独立招生的事宜，这是第三届举行，华夏没有招生，台北地区有两所学校：德明财经和东南科大。两所学校同一天考试，德明在内湖，东南科大在深坑，我帮儿子选择了距离较近的德明，上网帮儿子报名，考试分资料审查和口试两种成绩。

我心想：沟通极有问题的儿子如何参加口试？便打电话给学校表明我的忧虑，校方响应："不要担心，我们问的都是基本的问题，不会太难。"学校要求的资料是毕业证书和历届成绩单，我不知道还要准备什么数据，就帮儿子打了一篇很简单的自传，提到儿子的特殊才能，以及我为儿子从商界转行到特殊教育的历程。

没隔几天，我接到招生小组的电话："请问张敦捷没有上过一般的语文和英文吗？"我说："没有。他上的是综合职能科，不是一般的普通高中。"一听到招生小组如此询问，我心中再度焦虑起来，儿子到底要如何应试呢？但反正报名费都缴了，也只能听天由命，放手让他参加考试，结果就不是我所能掌握了。

对于考试事不关己

考试当天，我带儿子到德明应试。签名报到后，一起在休息区等候。

原有三人报考本科系，现场有一人缺考，也就是会从现场两人当中录取一人，我想有一半的概率，可以抱持希望。在休息区等候时，儿子仍然在玩手中的计算器，好像考试跟他一点关系都没有。直到老师来叫名字，她手上拿着一张单子，先叫儿子照着读一遍，然后叮咛他进去应试时要大声读出上面的字。我跟儿子到了教室前，交代他把计算器放在口袋里后，便在外面等候。

招生组组长看我十分焦虑，与我一起走到休息区的走廊聊天，她叫我不要担忧："我看了很多学生资料，对你这位因为自闭症儿子而转行当特教教师的妈妈很有印象，真的很佩服你呢！"

口试时间只有八分钟，但我在外面似乎等了好久好久，直到有老师来叫我："张妈妈，请你进来一下。"我一进教室，看到计算器放在桌上，惊讶地问儿子："妈妈不是说考试时，不能把计算器拿出来吗？"四位坐在儿子对面的考试委员看着我，其中一位男老师说："没关系，那是我们叫他拿出来的。他的数学计算很厉害，我们刚刚还请他当场开根号。"一位女老师说："他写的数字很漂亮，刚刚还看过他的一本书，上面写了密密麻麻的数字。"跟儿子出来之后，我想口试委员很亲切地与我聊天，胜算应该很大喔！

另一位考生和他的爸妈迎面而来，一起走向考场，我瞥见那位考生手上拿着厚厚一叠档案，心里又不免担忧，我们什么数据都没有准备，是否会影响考取机会呢？回家之后打电话向弟媳提到此事，弟媳说："我们敦捷的数据都在他的脑袋瓜里面，安啦！有什么好担心的?"我又稍稍安心，就只能准备等待好消息了。

考试当天，担心的事情还是发生了

除了独立招生外，我也帮儿子报名了身心障碍联合甄试，考场在辅仁大学。考试当天早上，先生开车载我们到考场，我想我们已经早到了半个多小时，没想到上了二楼教室，几乎已坐满了考生和家长，看到很多考生在看考古题，一直在画重点，家长在一旁不断叮咛孩子。

我看看儿子，他仍然悠哉地玩着计算器，一点也不像要准备考试的样子。我本来也想把考古题印出来，但网站没有提供解答，很多题目我甚至也不会，想想就作罢了。

到了考场的走廊，已经有不少考生在座位上，我查看跟儿子报考相同科系的考生有六位，心想帮儿子报了三个志愿，也就是有一半的概率。

我跟儿子进了教室，我拿出准考证，核对与准考证相符的座位，告诉儿子这就是他的座位，但我走出教室，回头一看，儿子还在走道上走来走去。

我跟监考人员说："老师，对不起，这是我儿子的准考证，他有点搞不清楚，等一下考试钟声响时，可不可以请老师带他到座位上？"监考老师说："张妈妈你放心，我等一下会把他带到座位上。"

监考老师的协助

考试钟声响了，看到监考老师把儿子带到座位上，我才安心离开教室。从考场出来，休息区已坐满家长，我找到一个空位坐下来，打电话给朋友抱怨考题太多难以理解，对自闭症者相当困难。挂断电话后，旁边一位女士对我说："我儿子也是自闭症，他是亚斯伯格障碍，你如果对于考题有意见，可以上特殊教育小组的网站去反映。"我们开始聊了起来，才知道她的儿子当初就是我在东区特教资源中心听到的一位拒学个案。大约过了半个小时，接近可交卷时间，我便起身到门口等待儿子。

等了几分钟，看见儿子朝我的方向走过来，那位监考老师跟在他的背后。儿子将准考证交给我，老师问我："张妈妈，请问你这两天都会坐在哪里？等每节考试过了四十分钟以后，他如果想出来，我就把他带出来交给你。另外有一件事情要告诉你，你儿子把答案写在试卷上，而不是写在答案纸上，而且他在试卷上写了自己的名字。"我问："不是不能把名字写在试卷上吗？那不就没有分数了？"那位老师说："我刚刚打电话给大考中心，他们说只要把试卷和答案纸订在一起，并请他在试卷上签名，只要证明是他写的答案，会从宽处理。"我说："所以只要他写得对，就能列入计分吗？"又问："可是他有写 A、B、C 或 D 的答案吗？"老师说："有。我不知道他写的答案对不对，但只要他写的答案是对的就能列入计分。"听了老师的话，我如释重负。当初最担心的就是儿子不会把答案填在答案纸上，虽然考前我曾反复教儿子用铅笔把答案画在答案纸上，他还是一直把答案写在试卷上；另外我也担心他是否知道考试开始后，过了四十分钟才可以离开考场，现在亲切的监考老师也帮我解决了这个难题。

考试时在试卷上画住家附近地图

第二天考试开始前，我和昨天一样带儿子到教室，然后回到休息区等候。前一天监考老师说会带儿子到休息区，我便在休息区安心地等待。四十分钟过后，我看到儿子走在前面，那位监考老师跟在后面。

"张妈妈，请问你们家是不是在板桥海山高中附近？"我说："有一段距离。但也能算是附近，你怎么会知道？"老师拍拍手说："你儿子很棒，他写完答案后，我看他在试卷上画地图，他把海山高中附近的地图都画出来了，画得很详细。他的空间逻辑很强，我想他的优势能力一定比我好！我之前只听过自闭症这个名词，但并不清楚自闭症的一些状况，这两天我也从敦捷的身上学习了不少。张妈妈把他带到现在真的是很辛苦，实在很不简单，令我非常佩服。"

坚持写数字不进教室考试，妈妈给钱诱导

我们在休息区等候最后一科考试，儿子说要上厕所，往左边方向走，我在座位等了一阵子，旁边座位的妈妈替我担心，我说没关系，他自己会回来，不会迷路。过了几分钟，我还是没看到儿子，便也起身往左边方向一路找去，却只找到饮料贩卖机。没找到儿子，回座位以后，发现儿子已经坐着在写数字。钟声响了，我催促儿子赶快进教室，他还在一直写数字。我把他送到教室外面的休息区，才往回走了几步，儿子又冲出来，那位监考老师跟在后面。儿子说："纸，纸不见了，纸不见了。"他回到我们的座位，找到一张写了数字的纸，我叫儿子赶快去考试，他坚持要继续写数字，一边写一边读，没有理会我说的话。老师说没关系，钟声响后二十分钟以内都还可以入场考试。话虽如此，我只好使出撒手锏，用他最执着的物品引起他的注意力："敦捷，赶快去考试，妈妈给敦捷一百元。"他说："好。"我便拿出一百元给他，他不是用手来接，而是拿着透明塑料袋，要我投进去。我跟他说，拿了钱要把纸交出来，但他坚持不把纸给我，老师请他把纸放在

56

口袋里，他才愿意跟着老师回教室考试。

最后一科考到十二点，但是才刚过四十分钟，儿子马上就出来了。这两天都是这位监考老师带他来休息区，我谢过这位老师，跟儿子走出校外用餐。两天的考试总算结束了，担心的事情也没能避免，幸好最后问题还是靠监考老师的耐心及平日和儿子的默契在惊险中解决了。

妈妈密技

当孩子陷入自己的世界，对外界信息缺乏关注时，可采用孩子平常固着行为最强烈的嗜好来吸引他的注意力，并提出能够让孩子满足的交换条件。

我们常对未知或无可预期的事情感到焦虑：担心孩子要怎么考大学、怕他考试时间未到就先离开教室、怕他把答案写错地方、怕他考试不专心写别的东西……怕这怕那的，但最后事情总是会过去。

我们自己必须在情境中学习到先放开自己的心胸，这当然非常困难，总是得一点一滴从生活中磨炼和学习。如陪儿子参加考试时，为了不影响考试情境，我往往会寻求监考人员的协助，主动告知儿子的特殊情况与行为模式，这样也可减轻在外等候的焦虑。

林口启智学院颁发表扬状

发榜后，儿子考上黎明技术学院。我打电话给儿子的高职导师分享喜悦。老师听了很高兴，要我向儿子说声加油。隔天老师再来电，说他跟学校说了这件事情，学校要颁发奖状嘉勉儿子，详细情形教务主任会打电话跟我联络。几天之后，教务主任来电邀请我可否在 7 月 2 日下午一起出席结业典礼，校长要公开颁发奖状表扬儿子。我说我还要上班，不太方便，可否在暑假时间约在校长室聊聊就好，不用那么慎重公开表扬。主任说她会跟校长说并确认校长时间再与我联系。

那年暑假正式开始后，儿子照旧去工坊上课，我跟他同路搭车到附近的教育大学研究室写论文。过了一个多星期，教务主任来电询问："校长问可不可以约在 7 月 30 日，请你带敦捷来学校？因为那天是排球联谊赛，校长会在学校。"

当天下午到了校长室，校长人不在，组长带我们到举办排球联谊赛的活动中心，比赛已经结束，正准备颁奖。校长邀请我和儿子坐上讲台，我们受邀坐下，心想这不是贵宾席吗？看来比一开始我预期的在主任办公室"随意聊聊"还要盛大，不免有些措手不及。

联谊赛由自闭症总会主办，台北县自闭症服务协进会和林口启智学校协办。台下的队伍分了数组，每组各有其队名，有特攻队、星儿队和辣妈队等。

此时校长拿起麦克风宣布："今天要表扬学校毕业的一位学生张敦捷，他今年考上黎明技术学院，我们请他来台前领奖。"校长回头看儿子还坐着写数字，便邀请我和儿子一同上前。

不知要上台，坚持玩计算器

我叫儿子把纸和计算器放在椅子上，儿子不答应。我向主任借了麦克风，先向台下解释："对不起，没想到场面这么盛大，台下有这么多人，我只跟儿子说要来林口学校，校长要颁发奖状鼓励他考上大学，我们事先都不知道要上台。"我继续说："孩子很纯真，他不知道要领奖状，我只好找出他的增强物，这是他最喜欢的五十元硬币，我来试着吸引他的注意力。"桌上摆了许多奖杯和奖状准备要颁发，怕耽误到流程，我走到儿子的面前，从皮包里拿出一包零钱，跟校长解释这是我教学用的钱币，我要找一枚出来，翻找了一下，里面大多为一元、五元和十元，校长也请主任看看口袋是否有五十元硬币，好不容易找到了一枚五十元硬币，我把硬币拿在儿子面前晃了一下，要他赶快把纸和计算器放下，他便收下钱币，与我一起走到台前接受奖状。

升学或就业的建议

儿子就读高职特教班三年，第三年在校实习时，教师会与家长沟通，根据孩子的能力与兴趣，希望能找出适合其工作之环境。从洗车、做面包、洗衣服、在学校合作社摆放物品等。当初我为儿子选择了合作社，但实习一段时间，教师表示儿子服从性不佳，大多埋首在玩他的计算器，毕业后无法至庇护工厂工作。

由于儿子的沟通和人际互动能力不佳，且因其固着行为模式，只对数字有兴趣、喜欢玩计算器，对于目前适合身心障碍者的大部分工作，如烘焙、洗衣店、加油站或其他支持性的工作，他都没有意愿和兴趣。许多人向我质疑过：为何不让他去工作？也有人质疑我没有约束孩子，但每位特殊孩子的特质与行为模式皆不相同，儿子本身的固着行为令他只选择他喜欢的活动，对他而言，要找到适合的工作确实是非常艰难的。

沟通和人际互动困难是每个自闭症者的共同特质。然而有些自闭症的孩子，也许生活自理能力不比儿子好，但因服从性较好，可以在支持性的庇护工厂做简单的工作。当家长面临孩子的就业抉择时，建议还是得依据孩子的能力、需求和态度，在求学和工作上作出对孩子最适合的选择。

短暂的大学时光

入学前的预备

2010 年 8 月，我带儿子到黎明技术学院注册。儿子是身心障碍学生，可以办理学杂费减免。准备去用餐时，才发现办理学杂费减免的保证书没有盖章，我告诉儿子，要先回家盖章才能出来吃火锅。回家途中我请他从我们常去的两家火锅店中择一："敦捷，你要吃食神还是松阪屋？"儿子回说："松阪屋。"我用他最敏锐的数字诱导他："松阪屋比较贵，只能吃梅花猪肉喔！要两百元。如果是食神的海陆锅是两百九十元，可以吃比较多喔！你要吃哪一家？"儿子便改选择了食神火锅店。我走在前面，儿子在后面边走边写数字，走得非常慢，我急着赶回家盖章，便先走一步，等我盖好章，儿子还没回家，我只好下楼找他。因为有了先前的经验，知道他一定在火锅店等我，松阪屋距离家里较近，我先过去看看，一走进店里，儿子已在里面等待了。

我把食材放进去煮，儿子坐在对面仍不打算动筷子，我告诉儿子等一会儿要去注册，他依然沉迷在数字里。我把他喜欢吃的东西装在两个碗里，他才勉强夹了一两口塞进嘴里，动作依然缓慢，把我急得像热锅上的蚂蚁。本来以为注册时间到下午四点，还可以允许儿子悠闲。但一点四十分左右，我拿出资料来看，才惊叫道："敦捷，是下午三点结束注册，妈妈忘记了，吃快一点，十分钟内吃完，不然来不及!"他听到"会来不及"，便狼吞虎咽地塞了好几大口，我要求他在十分钟内吃完，他也照办了。

我们抵达学校时，只差几分钟就到三点了，幸好还能及时赶上。我拿出注册单在柜台依序办理，儿子则在我身边埋头玩计算器。要办理学杂费减免时，承办人员向我要身心障碍手册，我在包包里翻找，承办人员看我神情紧张，亲切地叫我不要着急，完成程序交出注册单以后，承办小姐告诉我："已经完成了，你可以带敦捷去认识学校环境了。"

约法三章

儿子的生活步调非常慢，在赶时间的时候，无论是直接命令或柔性劝导，多半不起作用。如果只说："吃快一点"，这个指令对儿子而言不够明确。而儿子对时间相当有概念，因此在这种情况，我会问他："敦捷，你还需要几分钟？"等他说出时间后，如果在允许的范围内，我就会用坚定的语气和他约好在时间内完成动作。而如上述案例，行程较紧时，无法让儿子自由决定，我也会明确规定剩余时间请他遵守。与自闭症患者约法三章需要明确的指令，且经互相沟通，确定孩子也有同样共识时，才能顺利进行。

妈妈密技

和自闭症孩子约法三章的内容必须明确，时间范围清楚无灰色地带，否则孩子无所适从，父母也会因孩子未做到要求而动气。

认识导师以了解儿子特质

我们往门口的方向走，此时，背后有一个声音说："教官，敦捷的妈妈就在那边，你可以先带他们去学生辅导处，了解他们有何需求和协助。"我停住脚步，转身向教官致意，提到我之前便联络过学生辅导处人员，很乐意再过去进一步聊聊。教官说："我们学校之前也有几位自闭症学生，学校对自闭症有一些了解，但每个个案都不太一样，我带你们过去，你们再好好谈。"

到了学生辅导处，组长带领我们到里面的办公室，要我们稍等。不久后系主任走进来，此时儿子起身走到前面的饮水机，不发一语地拿起杯子就装水喝，我根本来不及阻止。我便再次教导儿子，要先经过允许才可以倒水喝。辅导人员先将我的联络电话写下来，并与系主任一起讨论，希望我能主动提出希望校方协助儿子的方式。我说："我想在新生训练时陪儿子过来，希望当面与导师和同学说明他的特质，寻求他们平日的协助。"

系主任说："张妈妈，敦捷的导师是一位年轻女老师，对学生非常热心，我特别安排她担任资科系的导师。但是那一天是新生训练，导师也都不认识学生，这样对导师来说压力太大，希望你能在那之前先安排一天过来，先让导师看看孩子，你跟孩子相处的时间长，最了解他的状况，你可以写下他的一些特质和处理方式给我们参考，或许不是短时间就能了解他，但可以先有起码的认识。"

我说："我会尽量描述清楚，让老师了解。你们看，他的想法就是这么直接，像他口渴了，也没有征求你们的意思就倒水喝。不了解的人会说他的家教不好，但是我们的孩子要在当下情境教导。"我举刚刚儿子擅自倒水的事情，解释道："如果他要倒水喝，我会问他：'敦捷，要跟老师说，我要喝水，可不可以？'他会直接回答可以。我之前的硕士论文是研究一位高功能的自闭症患者的沟通能力，我们知道沟通都会有一些意图，他开口要求、拒绝都没问题，但是对于请求允许的能力比较弱，这是我们孩子的沟通特质。"系主任说："没关系，我们学校也辅导过一些自闭症的学生，我们再来慢慢了解他。"

我再提出我的顾虑，询问主任像儿子这样不会表达，是否会影响他的学业？主任说："这一点你最不需要担心。我们不像其他大学会要求学生课业达到标准。我们学校里，连看起来很聪明的一般孩子也不太会考试，我们会用一些其他的方式，甚至个别化辅导来帮助学生顺利毕业。何况敦捷是特殊生，我也会跟系里的老师们沟通，对他的要求会与一般学生不同。"主任接着说："敦捷虽然是自闭症，但我们尽量不要把他当作特殊孩子看待，让他融入团体，如果真的有困难，我们也有资源教室，可以提供个别教导。"

系主任先行离开后，辅导组员说："你放心，学校既然开出特殊生名额，我们就会负责。"她接着说："我们在 9 月中会召开 IEP 会议，到时我们会邀请系主任和系上所有老师参与，让他们认识敦捷和提供适当的协助，到时也请你一定要参加。"我一直向她表示谢意，她说："你不用这么客气，这是学校该做的。"我对于学校的用心和主动感到很高兴，而且学校今年只开出一个特殊生名额。那位小姐也说："你一直很用心在做，冥冥之中就会有安排的。"

黎明技术学院那年只有资科系开出一个特殊生名额，因为系主任的亲戚也是自闭症者。后来我也看了 2010 年身心障碍学生升大专院校的甄试简章，才知道像东南科大和德明都开出不少特殊生名额，然而学校是否有这么多人力来辅导这些特殊生，我便不得而知了。比较之下，黎明技术学院相对负责，因为只开出一个名额，这样该年度的特殊生就可以获到比较全面的帮助。后来想想，儿子考上黎明技术学院，或许正是冥冥之中的最好安排。

儿子的脱序行为

儿子在黎明技术学院读了一学期，3月初的一个下午，我请假去儿子的学校开会，主任邀请任课教师一同参与，希望旧任教师能够分享与儿子的互动经验以传承给新任教师，这是期初的例行工作。接着在3月中旬，我又接到学生辅导中心主任的电话，告知儿子的旷课太多，如果旷课数超过二分之一，就无法参加考试；令我更烦恼的是，除了旷课之外，还有更大的一件事情要处理。

据主任说，儿子在学校竟然去卷辅导中心一位老师的裤管！我既歉疚、羞耻，又有些不解，心想儿子怎么会有如此荒诞大胆的行为？

忐忑不安地到了学校，主任解释儿子为了看那位老师的袜子，竟将她的裤管往上拉到快过膝盖的地方，经老师口头制止仍阻挡不住儿子，最后才经一位在场的男老师从背后将儿子抱住。他因上回在宿舍的偷窃事件被记了一次大过，如果这次再被记一次大过，那么他还有最后一次机会，但如果因旷课被扣考的话，就没机会继续待在学校了。我跟儿子沟通，并问他："敦捷，你有没有去学校上课?"儿子说："有，有去学校。"我说："你要进教室上课! 老师说你没有进教室上课。"儿子口气有点急："要去上课、要去上课。"我说："对! 要进教室上课，不然你会被退学。"儿子说："不会被退学、不会被退学。"我继续说："不会被退学是你自己说的。学校主任和老师跟妈妈说你快要被退学了。"儿子又提高声调说："不会被退学、不会被退学、不会被退学。"越说声音越大。

我无法查证儿子主动想读大学的动机。但之前在自闭症工坊的经验，他会自己中途跑出工坊，因此我也担心他进大学后没去上课。刚开始我会送他到公车站，看着他上车，我再赶出租车回学校上班。我以为儿子这样就会乖乖去学校上课，但还是被通知儿子常旷课。他自己虽然有意愿想要读大学，但上课就得待在教室听课，听讲对他来说也不是容易的事情。

除了旷课时数过多，儿子在大学这段时间，他的问题行为不断出现，看丝袜、随便拿别人桌上的东西、进到宿舍拿同学的钱被监视器拍到……种种脱序行为让校方非常头痛，也让我常常需要到学校开会，真的是疲于奔命、不胜其扰。

系主任建议儿子休学

因为儿子卷老师裤管和旷课事件，学生辅导中心主任要求我到学校开会讨论，主任一看到我就说："张妈妈，你真的辛苦了，又要麻烦你来学校一趟实在很不好意思。敦捷的旷课情形比起上学期更严重，等一下系主任会过来跟你讨论。"不久后，系主任匆匆忙忙地赶了进来，一坐下来便急着对我说："张妈妈，我知道敦捷最近又发生一件事情，我请辅导中心主任先不要往上报，因为她如果报上去的话，敦捷一定会再被记一次大过，如果他是因为这样被退学，对他的名声很不好，我想来想去，目前对他最好的办法就是你先帮他办休学，这件事情也不用报上去处理。而且他旷课太严重了，就算继续读下去，可能很快就会被扣考，如果被退学的话就没有机会了，休学对他是最好的方法，这样他还可以保留学籍，等他有意愿想要读书时再继续。"

辅导主任在旁附和："系主任真的很替敦捷着想。"系主任说："我一直在想怎样才是对敦捷最好，也是这两天才想到这个方法。"我也谢谢主任替儿子着想，并解释我也知道儿子在学校制造许多问题，希望考虑一下再与校方联络。

主任说："张妈妈，我觉得你很伟大，把他拉扯这么大，还让他念大学。我们也因为敦捷学习到很多事情，这也让我们更加了解自闭症。休学是给他一些时间，也同样给辅导中心老师一些时间，她们最近的精神都因为这件事非常紧绷，我看她们都快撑不下去了，我想这样对双方都是好的。"系主任希望我与先生好好讨论，但是我知道休学确实是对儿子最好的方式，隔两天我直接告诉主任，我会亲自去学校帮儿子办理休学手续。

短暂的大学生涯画上句点

我告诉儿子这个决定："敦捷，你旷课太多了，妈妈要去学校帮你办休学！休学的意思就是你不用去学校上课了，等以后有机会再去上课喔！"儿子说："要去上课、要去上课。"我说："不用去学校了，休学就是不用再去上课，等以后再去上课。"儿子再说："2011年9月再去上课。"我说："等以后再说。"儿子还是说："2011年9月再去上课。"

其实我知道儿子一旦休学就很难再回到学校，因为他根本无法适应学校大环境，而且我已试图完成儿子的意愿，但试过之后，诚如女儿所说，大学对儿子根本没有意义，就算大学毕业，儿子也不可能因此找到工作。于是决定放手，再次由我陪儿子一起寻找最适合他的道路。

我在3月底请假半天去学校办理休学，当天导师和系主任不在学校，但交代教务长代理他们两人签名。办完手续之后到教务长办公室感谢他对儿子的关怀，他说："张妈妈，我真的很佩服你，你真的很辛苦把敦捷拉扯到这么大，我想这个过程一定很艰辛，绝不是我们一般人所能体会的。学校因为敦捷也学习到很多事情，我们欢迎他日后再回到学校，学校大门永远为他开启，校长也非常关心他，我们都希望他很快能再回到学校。"

我谢过教务长，走出学校大门，迎面吹来的风虽然很凉，甚至有些寒意，但我心中那块大石头暂时放下，一瞬间轻松了起来。虽然敦捷从此休学，证明我当初支持他考大学的选择是不适当的，但现在又回到抉择的起点，不用三天两头接到学校的电话，上班时直接飙泪了。

第三课

"开根号" 的孤独星球

发现他小学三年级时会开二次方根以后，我就试了三次方根，我在纸上写下"9×9×9 = 729，729 的三次方根就是 9"，又随意举了两个例子，再写下其他问题，他便能马上不迟疑地写出答案。 我想看儿子到底有多少能耐，便继续试了四次方根、然后五次方根，接着六次方根……天啊！

好像他的脑子里装了芯片似的，答案马上奇迹般跑出来，根本不需要计算。

语言障碍

绝大多数自闭症孩子的内心世界非常敏感，对于主要照顾者或熟悉的人，他们是有感情的。例如敦捷看到我哭了，他会主动拿卫生纸给我，但因口语表达困难，不会开口安慰。我教导的学生当中，一位自闭症孩子看到老师脚受伤了，也会主动问："脚受伤了?"此外，自闭症孩子也能察觉家长或老师的脸部情绪，判断对方是高兴或生气的。有些学者说他们在察言观色上有显著困难，其实就我实际经验观察，最主要的核心问题还是他们的沟通模式出了问题。我们的头脑就如电脑的 CPU 一样，我相信自闭症孩子的"输入"功能不一定有大问题，但在输出方面却产生极大的困难。

口语表达与理性思考之间的鸿沟

自闭症孩子在口语上多有输出障碍，在一般人眼中就是词不达意的状况。有时只听他说出来的单字，连我也听不出他想表达什么，需要通过当下情境来判断他破碎语句底下的思绪波动。

某一天，儿子要求晚餐吃顶刮刮。点好餐后，我想他当天中餐只吃了排骨和几口菜，应该已饥肠辘辘，结果写数字和玩计算器的习惯还是阻挡了他的食欲，餐点摆在他眼前却没有去吃。我便率先吃了几根炸地瓜，从他的眼神知道他想阻止我，我便继续拿了一根看他的反应，他还是没开动。我又咬了一口炸鸡，他说"不要"，我故意说："那你赶快吃啊！"他才将计算器放下，拿起地瓜条，一条接一条，有时一次吃两三条，蘸西红柿酱快速地塞入口中。

我叮咛他吃慢一点，他好像怕我吃掉他的东西，赶快塞进肚子里才安全，我跟他说："慢慢吃，没有人会抢你的。"他没理会，吃完了地瓜条，马上啃炸鸡，快速地啃肉，精巧地把骨头吐掉，肉吃得干干净净，真可以用"囫囵吞肉"形容。看他吃得差不多了，我催促他要和我去市场一趟，回头看他洗了手，背起背包，我们才一起去搭公交车。

在市场儿子又要求吃豆花，吃完后，我付了钱，他把找回的零钱放进他收藏硬币的透明塑料袋内，背起背包，准备起身要走时，突然对我说："计算器、计算器。"我一路匆匆忙忙，没注意到他是否把计算器忘在别的地方，便问："计算器在哪里？"儿子说："在顶刮刮。"我又问："计算器会不会放在市场的泥鳅摊？"

他的心思被动摇，跟着我说："泥鳅、泥鳅。"我们一起走到摊位，那个摊位已经收拾完毕，摊贩也走了。我又问，会不会放在公车上？儿子便重复着说："公车、公车。"我告诉他，如果放在公车上就找不到了，公车这么多班，要怎么找计算器？敦捷这时又说："在顶刮刮。"我们便一路回顶刮刮去寻找计算器。

我们到了顶刮刮，他走到先前的座位，桌上没有计算器，座位上有一男一女，女生看我们好像在找东西，就问我们是不是在找计算器，又告诉我们店员已经把计算器收起来了。儿子一听到店员收起计算器，马上走到前面柜台附近，从店员手中很快接过计算器和写了满满质数的纸张，此时他紧绷的脸才终于放松，露出一点笑容来。

妈妈密技

孩子口语能力不佳时，从关键词依情境分析出孩子的意思，对父母来说是相当重要的能力。

缺乏主词、动词、代名词的表达世界

儿子平常说话大多只有关键词，很少说出完整的句子，并且几乎都说名词，没有动词和主词。像上面的事件中，他忘了将计算器带在身边，他只会说"计算器、计算器"，他不会用"我的计算器呢？计算器不见了，我要找计算器。"的完整句子来表达。他最多只会说："计算器不见了、计算器不见了。"语意不完整，而音调较为急促。

儿子的口语需要从实际情境才能了解。譬如先生每个月都会去一趟大陆，儿子在之前就会说："爸爸去大陆。"我说："妈妈不知道爸爸什么时候去大陆耶？敦捷要不要问爸爸？"他还是说："爸爸去大陆。"我试探着问："你是不是希望爸爸去大陆？"儿子说："是。"先生去大陆时，我们通常会较晚回家。如果我催儿子快点回家，他还是会说："爸爸去大陆。"但这时我就能知道他的意思是："没关系啦！爸爸不在家，他管不到我啦！"

另外，儿子很少使用代名词，对于你、我、他等人称也常转不过来，他读小学时，我花好长的一段时间教他分辨"你"和"我"。例如我站在他的前面，我指着自己问他，"敦捷，我是谁？"他回答说："妈妈。"我说："你要说'你是妈妈'。"他便跟着说："你是妈妈。"我又指着自己说："我是谁？"他还是说："妈妈。"我说："你叫什么名字？"他说："张敦捷。"

因为他下课后要到安亲班，我对他说："敦捷，妈妈下班后来接你。"他会说："妈妈来接你。"我站到他背后，抓起他的手指着他自己："敦捷，是我。"我伸出食指指着我的胸部，我说"我"，同时又握住他的手指着我，说"你"。

当时想到一位学者曾提过自闭症的代名词反转异常，儿子也是如此。单单教"你""我"代名词转换就大约花了半年的时间，仍然会把"妈妈来接我"讲成"妈妈来接你"。后来我想，与其再继续花时间教导"你、我、他"，不如改变教学策略，改用名称代替代名词。例如："妈妈接小捷上课""妈妈上厕所，小捷在外面等妈妈"或"妈妈去市场，小捷要不要去?"等。有时候我也会再度使用代名词，说出口之后，赶快再改回使用名称，例如先说"我带你去吃火锅"，再说"妈妈带小捷去吃火锅"。

父母身为孩子的教导者，要清楚孩子的沟通特质，不必执着要孩子达到和常人一样的沟通能力。既然他代名词反转异常，那我就改用其他方式教导，能够达到清楚沟通的需求是比较重要的。

妈妈密技

一开始以妈妈、小捷等名称替换代名词人称，之后渐渐混用，同一句话以两种称呼各说一次，帮助孩子理解。

关键语词代表需求

有一天儿子要洗澡，浴室的电灯接触不良，他开了灯，过了许久电灯都未亮，我便问："怎么了? 电灯坏了吗?"他说："修电灯。"我说："妈妈不会修电灯，等爸爸回来再修理。"他继续说："电灯、电灯。"等了一会儿，灯还是没亮，我便叫他洗澡时先不用关门，以免浴室太暗跌倒受伤。但他并未理会，直直走出浴室，把台灯拿进浴室，再将门关起来。

儿子在中学时，我们到学校对面买制服，当时外面正在下雨，虽然撑着伞，但还是全身都湿透了。到了店里，儿子马上脱下鞋子对老板说："吹风机、吹风机。"老板把吹风机拿给他，他把鞋子放在桌上，将吹风机对着鞋内吹干。儿子跟人借吹风机，却只说"吹风机"三个字。不像一般人借东西时应该会使用"老板，拜托借我吹风机。"等语句，或将情况解释得更详细一点。这些例子很多，我跟儿子相处时间久，可以大致理解他的意思，但如果不了解当时的情境，大部分的人无法完全理解儿子为何会那样说话，觉得他没礼貌，或者不懂他究竟想表达什么意思。

沟通能力逐渐进步

我曾听说有些自闭症的孩子到了青春期，他们的沟通、情绪以及认知能力会出现退化情况。如果早期没有癫痫症状，有时也会在青春期发生。不过儿子很幸运，我所担忧的事情都没有发生，不但安然度过了青春期，沟通能力也在逐渐进步。儿子至今二十几岁，虽然大部分的口语表达依然以名词代表整句话，但我也逐渐发现，他对于"身体的感觉"方面的表达有显著进步。儿子以前若是头部不适，一律只会说"头痛痛的"，让我在旁瞎猜；但现在能渐渐分辨出不舒适的感觉种类。例如他会说"头晕晕的，按一按"，意思就是要我帮他按摩头部；有时也会伸出手对我说"手麻麻的，按一按"；也有一次说"脚刺刺的，要擦药"，原来是他脚底长茧。听儿子渐渐能说出不同的感觉形容，我觉得非常欣慰，对一个自闭症者来说，能说出不同的感觉和感受，是一大进步。

　　某天，我在学校写故事，快六点才离开，整层楼只剩下我和儿子。我们一起去了美容院，我在地下室洗头，他则在柜台前面的沙发上按计算器和写数字等我。我花了约一个半小时，到柜台结账时，小姐告诉我儿子今天看起来比以往焦虑，不但一直咬拇指，而且还说了几次"好烦喔、好烦喔"，她建议我试着安抚儿子。

　　那天是星期五，十一点多儿子回到家时，我叫了他几次，但他不理会我，径自待在房间，一下子又走到浴室放水、回到房间，再过几分钟，走进浴室洗澡，全程似乎都没听到我在叫他。我决定耐心地等他洗好澡出来，在儿子回房间的途中，我叫住他并请他过来。

　　"请小捷过来，妈妈有话要跟小捷说。"我在纸上写着："好烦喔！咬拇指。"并在这些字的下方分别写上："太累了""数字想不出来"和"爸爸快回来了"三个选项。我耐心地问："敦捷，妈妈问你喔！你在美容院说了三次好烦喔！又一直咬拇指，可以告诉妈妈为什么吗？这里有三个原因，可不可以选出是哪一个原因呢？"儿子看了三个选项，他马上将"太累了"圈出来，我说："就是啊！你一直写数字真的很累耶！太累了，你就要把计算器放好，先休息一下呀！以后你如果太累的话，你要怎么办呢？"儿子说："休息一下。"我便重复诱导他："对呀！太累了就是要休息啊！"

妈妈密技

当孩子口语能力表达不佳时，可由妈妈通过"选择题"方式，让孩子传达感受。

在我的印象中，之前好像从来没有听儿子说过"好烦喔"之类充满强烈情绪的语句。听到美容院小姐的转述，一则以喜、一则以忧：喜的是儿子能将他的情绪表达出来；忧的是不清楚儿子到底为什么会心烦。我知道儿子无法准确表达，因此必须依据当时的情境假设几个原因让他选择。欣喜儿子的表达又进步了的同时，我也不禁担忧，最熟悉儿子的我，可以从可能的情境帮他过滤、理清他的感受，但也不可能百分之百精准，万一他还有其他的想法是我没想到的呢？而且绝大多数的人就算听到他的表达，又有几个人能够用这种方式来层层了解他的情绪呢？我知道这样的口语表达，对许多自闭症者而言是令人振奋的大进展，但为人母亲，虽然会觉得欣喜，心中总是有些不舍，因为自己未来陪伴儿子的时间有限，能如此了解他的人实在是太少了。

理解能力进步：听得懂"反话"

一般人都说面对自闭症孩子，沟通语意必须明确，因为孩子听不懂弯来绕去的话，当然大人若是说反话，特殊孩子也听不懂。

当我和儿子出门时，儿子常用我跟不上的速度自顾自走在前面，屡说不听。因此一次和他相约到新庄一家新开的火锅店时，当儿子又独自消失在人群中，我便自己转身回家。等他回家时，我已准备好其他晚餐，并告诉他如果下次再自己走太快，妈妈一样会自己回家，而他就会损失掉想吃的一餐。

儿子似懂非懂，然而下一次，当我和儿子出门，他的步伐眼看着又逐渐加快，我忍无可忍对他说："你再走快一点啊！"没想到，儿子马上停下脚步，乖乖和我并肩而行。

或许儿子是根据我的语气读出了情绪，抑或是想起上次的情景，进而联结到他心心念念的晚餐，但也因为这样，我认为自闭症孩子虽然口语表达能力与理解能力较弱，但经过适时适度的训练，配合说话的情境，是能听得懂旁人故意说的反话的。

以优势能力教导

儿子在特教班的那段时间，由于他的数字能力引起教师好奇，当时的实习教师也把这个发现告诉她的直属老师。于是老师请了三位小学特教教师组成辅导小组，一起轮流辅导儿子。三位教师有两位住在南部，后来调回高雄，辅导小组只剩下一位住在台北县的陈老师。有一次，陈老师教儿子拍球，儿子跟不上拍球的节奏，陈老师便教儿子一边拍球，一边报数。如此一试，儿子的动作马上变得很灵巧。儿子拍一下数"一"、拍两下数"二"、拍三下数"三"……就这样继续拍了十几下。就是这样，在原本对儿子较为艰困的新动作中，加上儿子喜欢并擅长的数字，他就能顺利地一边报数一边拍球了。

以优势能力教导

我也试着把敦捷对数字的优势概念应用在培养其生活能力上。

敦捷对于时间非常有概念，他脑内的时间表示是二十四小时制，当先生在大陆时，我们母子每隔三天会定期吃一次他最爱的火锅，儿子出门时，我会和他约定几点一定要到家，若超过一小时则取消他的最爱行程，让他能遵守时间约定；同时，由于儿子自己能够看懂公交车信息也常独自搭乘，买票付钱都没有问题，因此吃火锅时我就会请他负责带路到目的地，算是进一步训练并确认他的交通能力。

训练孩子的生活自理能力

　　儿子现在生活自理能力没有问题。日常生活中会自己穿脱衣服、裤子和鞋袜。他小时候还不会拉拉链时，我会让他穿有松紧带的裤子，后来他不知不觉就学会自己拉拉链了；另外，我从未教过他用筷子夹菜，他也主动自发地不用汤匙，改用筷子吃饭；小学三年级时，他学会自己洗脸、洗澡和洗头，接着我想多训练他的听力与理解能力，因此每当我在厨房煮菜时，就会叫他拿东西给我，如五颗蒜头、酱油、醋或沙茶酱等，或请他帮忙将碗筷、菜端出去。

　　到了中学时，先生叫我教他拖地板，于是我拿着拖把拖一段地，再将拖把交给儿子让他照做，但他只会在原地来回动拖把，我便抓住他手上的拖把，将拖把往前移动，再放开拖把，让儿子自己拖那块地，拖完后再抓住拖把往前移动……如此让儿子学会拖地后，拖地就是他的工作了。这项工作一直到了儿子就读高职，不知道为何，他突然再也不愿意拖地了，于是这项工作又再度落到我的身上。

小学六年级之前，儿子放学后会直接到安亲班，等我或先生过去接他。因为他不穿袜子，安亲班的学生嫌他脚臭，他宁愿不去安亲班也不要穿袜子，我便尊重他的决定。不去安亲班后，儿子放学后会先回家，先生大约比他晚一个多小时回来，我下班回来的时间又比先生更晚一些。某天一回到家，赶紧换好衣服到厨房准备晚餐时，看到垃圾桶里有一个泡面的空袋子，我问先生是否帮儿子泡面，先生说应该是儿子自己泡的。

我不知道儿子什么时候学会泡面，只知道有时我泡面时，儿子会在旁边看；在热菜时，儿子也会在旁边看我按微波炉。他在小学较早上床睡觉，到了中学以后，偶尔会在睡前要求吃水饺，我告诉他睡觉前不能吃东西，他会径自走去厨房，从冰箱冷冻库里拿出水饺，放在我的手上说："煮水饺。"

由于他的话少，为了鼓励他说话，只要他开口，我都尽量在合理范围内满足他的需求。煮水饺时，我也会教育他："敦捷你看，水煮开了，起泡泡了，可以把水饺放下去了。"他照着我的指示丢了几只下去，就离开厨房，我继续再放了几只水饺下去，等煮好，他早已坐着等待。他将酱油倒在盘里，快速将水饺蘸了满满的酱油送进口中，没几分钟就解决了。

有一天我在厨房看到垃圾桶里多了一个空塑料袋，又看到儿子正在吃水饺，女儿也说不是她帮弟弟煮的。我很惊讶儿子自己会煮水饺。我常会买水饺、鸡块或薯条摆在冰箱的冷冻室里，以便随时拿出来煮。放假时儿子一向晚睡，如果想吃鸡块，他会过来说"鸡块"或"吃鸡块"。但有一次我打开冷冻室，发现前一天还剩下七八个鸡块的一包塑料袋不翼而飞，接着看到垃圾桶有装鸡块的空袋子，还有水槽里的空盘子，我问了女儿，女儿说不是她煎的，原来儿子又自己煎了鸡块来吃。

孩子的生活自理能力除了学校教师教导，更重要的是在家里日常生活中也要执行。因为我觉得对儿子而言，学习生活能力比学校课业更为重要，当我在厨房煮菜时，我会请他帮我拿物品，爸爸也会请他做事，譬如：把货物摆好、搬货物、盖出货单等。除了可训练其服从性，也训练听力、理解能力和生活功能等。

儿子要求我煮宵夜时，通常会在旁边观看。我会借机按步骤慢慢教导他如何煮东西，例如水煮开了，沸腾时起泡泡，再将水饺放进去。自闭症孩子对一件事有兴趣或需求时，会学得特别快。建议平常让孩子多学习以训练其生活独立，不要什么事都帮孩子做，以免剥夺孩子的学习能力。

妈妈密技

为鼓励孩子说话，训练其口语能力，只要孩子开口，尽量在合理范围内满足其需求，以增强孩子说话意愿与表达能力。

买东西多样化了，不再只买饮料

儿子刚学会自己出门玩时，我总担心他饿肚子。虽然他会买东西，但大多是买他最爱的饮料。当他回家时，我会检查他的发票，看到的品项果然几乎都是饮料，只有偶尔才出现饼干。虽然很难放下担忧，但我试着告诉自己不要担忧过多，反正只是一餐，没有饿死的风险，与其限制孩子的自由，不如试着让他闯闯看。

平常我和儿子去便利店储值悠游卡时，他自己会选择想要吃的东西，类型很多元，但自己一个人出门时，他常只买最爱的饮料。自闭症孩子对于自己喜欢的东西较为执着，不易改变。我便常带他去便利店，买东西时借机教导他，肚子饿了不只可以买饼干，也可以买面、便当等。如此经过一段时间，孩子听进去了，就会慢慢试着去做。

过了一段时间，我检查发票时发现他开始会买面包，我这才稍微放宽心。不久后儿子开始会购买凉面、泡面或通心面；直到后来，我看到一张便利店的发票上面印着排骨便当时，才终于放下了心中的忧虑。儿子肚子饿会买便当吃，不像之前大都是买饮料和零食，看来他真的越来越会照顾自己了。

以有限的表达能力寻求协助

我们家附近有一个黄昏市场，我大约一周会去三次。市场入口附近有一个摊贩，夏天卖冰品，冬天则卖烧仙草和红豆汤圆，老板娘年纪与我相仿，皮肤黑黑的，脸和眼睛都大大圆圆的，看起来很亲切。我带儿子去买过几次，她也会特别招呼儿子。有一次，我单独去买烧仙草时，她告诉我说："前几天下大雨，你儿子跑来向我借伞。"我问她，儿子怎么说？"他拍着我的肩膀，说'雨伞、雨伞'，我把伞拿给他，他说'谢谢、谢谢'，撑开雨伞就走了。"我问她儿子是否有还伞？老板娘说有，她借给他的是折叠伞，隔天他将伞折好拿来还，还跟她连说三声谢谢，一说完马上就走了。我蛮欣慰的，他的口语表达能力不佳，但懂得寻求协助，也懂得基本的礼貌。我跟这位老板娘解释过儿子是自闭症，他的口语表达不好，人际互动也比较困难，但老板娘说他很可爱、乖乖的，有时候路过时会跑来用手轻拍她的肩膀，拍两下就走了。

过了一两周，我过去向老板娘买红豆汤圆时，她又说："你儿子前两天在别的摊位买水煎包，过来跟我要筷子。"她说那个摊位的人没有给他筷子，儿子把塑料袋拿起来，向她说："没有筷子，没有筷子。"后来我发现这种事情屡见不鲜。我想儿子常去找这位老板娘，可能是因为她曾主动释出善意并会亲切地响应儿子。儿子除了向她借伞、要筷子，有时买水饺或水煎包，其他摊位的老板没有给他酱油时，他也会向这位老板娘寻求协助。

自闭症的孩子大多沟通能力较弱，较少主动说话，他在外面所发生的事情，要不是这位老板娘主动告诉我，我也不会知道。因为他口语表达困难，就算我问了，他也说不清楚。从别人口中听到这些事情，不仅加深了我对儿子的了解，也启发了我：许多事可以旁敲侧击、从旁了解，而不是仅仅聚焦于他不善沟通、无法主动询问状况的盲点。

到便利店寻求协助，要求妈妈去接他

儿子以往出去大多自己会回来，但几个月难免会有一两次被派出所通知带回。记得 2010 年 3 月晚上十点半左右，我接到一通电话，一位女士说："我这边是新店安坑的便利店，有一位先生叫我打电话找妈妈去接他。"我心想一定是儿子，便和店员确认他的名字，果然是儿子。我便告诉这位店员："他自己会坐车，可不可以麻烦你叫他自己回家？"女店员说那边已经没有公交车了，我便请店员帮他叫出租车到地铁站，并麻烦她把电话交给儿子。

儿子接过电话，我听见他在电话那头叫："妈妈、妈妈。"我告诉他我请店员叫出租车载他到地铁站，儿子回答好，女店员也告诉我店长正在打电话叫车，稍晚会告诉我司机的手机号码。

我等了十几分钟，还没等到来电通知，便再打电话到便利店。小姐说："对不起，那位司机说你儿子有一些症状，他不敢载你儿子。店长已经请派出所的警员过来处理了。"过了十分钟以后，我接到电话，警察告诉我："我已经打电话给出租车司机，等你儿子上车后，我们会把司机的手机号码告诉你，你再与他联络。"过了一会儿，我打电话给出租车司机，司机说他已经把儿子送到地铁站，也看着儿子走进地铁站了。晚上十二点多，儿子回家了。我打电话给派出所报平安，感谢他们的协助。我说："我儿子已经回来了，那么从派出所到地铁站的出租车资怎么办？我要怎么付给你？"警察先生说："没关系，出租车资是小事，我出就好了，孩子平安回家就好了。"

　　意外接到便利店来电，一得知是儿子的求助，内心充满难以言喻的欣慰。以往都是派出所通知我去接儿子，这次他竟然主动走进便利店求助。除了知道他在进步外，也感受到人们对他的关怀。目前儿子能自由外出搭车，也懂得自己回家，虽然偶尔会发生状况，但在贵人的协助下，最后还是都能平安回家。我也由衷感谢这些萍水相逢却仗义相助的人对身心障碍者的爱心与关怀。

心智被语言困住的天使

察觉妈妈面有难色，挂掉干妈电话

在我就读博士班满一年后某一天，儿子的干妈打了电话过来，她在电话的那一端邀请我参加一场活动，我表明不方便参加，这时儿子正在一旁的吧台，将他的宝贝饮料一瓶一瓶地摆放整齐。

"参加法会就是可以帮我们消除业障，你要抽空来参加啊！"

"我也很想参加，但不知道要怎样跟先生说啊！"

"你的家业怎么这么重？我告诉你，你个人为了学业很认真，你很努力在读博士，但是我觉得你跟你儿子的互动不够多，就算你拿到博士学位后，你先生也会说你有一个白痴儿子。"

我听后脸色难看，不发一语，儿子却走过来，直接把无线电话按掉，我想再打电话解释是儿子把电话挂断的，但想想实在很生气，便改打电话给弟媳，因为弟媳也认识那位友人。弟媳说：

"邀请你参加法会是好意，但不应该说这些话，毕竟也要看你是否有空，但我觉得敦捷很厉害，会察言观色，看到妈妈的脸色不好，虽然他不知道电话那一头说了什么，也知道不要让妈妈伤心。"自从这件事之后，儿子仿佛察觉了什么，再也不提干妈的名字，也不会要求去找她了。

儿子告诉妈妈：时机歹歹要打拼

2008 年，我虚岁四十九，想起十年前是我人生的最低潮，但幸运地遇到人生中的许多贵人。这十年来，我从对自己未来方向的茫然无知，到成为正式教师，完成硕士学业以及进修博士班，一路过五关斩六将，无往不胜。但这一年母亲病倒、工作上也遇到危机，加上学科考试的多重压力，又再度压得我喘不过气来。

先生每个月会赴大陆出差一周左右，某天晚上我独自在家，焦虑地想着要如何度过眼前的困境，想着想着情绪濒临崩溃，竟然号啕大哭起来。儿子本在一旁看新闻报道，听到哭声，他回头看了看我，接着走到我面前，伸手在我眼前晃了一下并说："时机，时机（闽南语）。"我问："时机什么？"他说"时机歹歹。"此时我灵光一闪，意识到新闻报道正在说景气不好。我说："时机歹歹，要打拼吗？"他也回答："时机歹歹要打拼。"我一听，马上破涕为笑，赶紧将眼泪擦干，感到无限的安慰和开心。

儿子虽然口语表达能力很差，但他却懂得适时展现贴心的一面。他小时候，有一次看到我在流眼泪，马上去拿卫生纸给我。这一次，他看到我在号啕大哭，他虽然不会像一般孩子安慰妈妈，只说了一句"时机歹歹要打拼"，但对我而言正是一剂强心针，就像在鼓励我要往前走，虽然时机不好，辛苦只能往肚里吞，但一定要很努力、要打拼，才会有好的未来。

优异的数字天分

四岁就能写二和五的倍数到两千多

儿子被诊断为自闭症后，由于他尚未发展出口语能力，邻近没有任何一家幼儿园愿意让他入学。当时我回娘家看他时，常看他埋头苦干地拿着笔在写东西。有一次，我好奇地凑过去看，赫然发现一个惊人的大秘密：那张纸上整整齐齐地排列一堆数字，竟然是 2、3、5 的倍数，一直写到 2 000 多，那些数字就像精心雕刻一般，每个字体大小整齐划一，也就像是 display 所显现出来的数字。我很惊讶一个从来没有上过学的孩子能写出这么多倍数，就算一般四五岁的小孩也不见得会知道倍数。这对我而言，更是双重的冲击——儿子既是自闭症者，又是数字天才，我该如何因应他的能力加以教导？先生一知道这个消息，之前的失望又转为希望，只要有机会，逢人便说他儿子是数学天才。

自己设计迷宫，乐在其中

儿子幼年时期除了展现数字倍数的能力外，也常自己设计迷宫。我看他自己画迷宫、自己走迷宫，同样也觉得好奇：他究竟是在哪里看到这些迷宫的图样，又是如何画出如此精细的迷宫路径呢？

小学时期，儿子也有一段时间沉迷拼图，先向我要五百片的拼图，拼不到十组，又很快要了一千片的拼图，利用放学时间来拼，大概两天就能完成一幅，再繁复的图案也难不倒他。然而完成十几组拼图后，儿子又厌倦了这项活动。

儿子较为好动，童年时代家人又各自忙碌，很少带他外出走动，但儿子对于写数字、画迷宫和拼拼图等活动却出奇地专注，常常独自一人埋首于他的数字和迷宫世界里，自己倒是挺能自得其乐的。

发现新兴趣：计算器

儿子着迷于写数字和画迷宫好一段时间，到了六岁左右，有一天不经意地在桌上发现了计算器，他拿起来把玩了一会儿，自此之后，他又找到了新的游戏，只要看到他，几乎都在按计算器，而且按得非常快速，看起来好像在玩电动玩具似的。

　　他在小学一年级时，有一次开口向我要计算器。我买了屏幕八位数显示的计算器给他，看他按计算器的速度非常快，走在路上或搭乘地铁时，旁边的小孩以为他在玩电动玩具，常会好奇地凑过来看，但一有人凑近，儿子就会将计算器拿远。

　　自从儿子得到计算器后，从此不离手。在家按计算器，出门坐在车上按计算器，连走在路上也按计算器。我告诉他走在路上按计算器很危险，他也不听劝，但看着他手指在按计算器，眼睛还是会瞄马路，我也只能在旁多叮咛他要注意安全。他就这样白天玩计算器，晚上也玩计算器，一整天除了洗澡和睡觉之外，好像计算器黏在他的手上一样。他在洗澡时，会把计算器拿进浴室，放在浴缸旁边，好像怕别人拿走，计算器变成好像是他身体的一部分，无法与他分开。计算器是他的宝贝，他人好奇地凑过去看，并向他借计算器来看，他都会立即回答"不要"，连我开口跟他借，他也大多拒绝。

　　我们一般人把计算器当作计算工具，对他而言却是一种玩具，他有时不小心弄丢计算器，问他计算器在哪里？他只会回答："不见了，不见了。"再继续追问放在哪里？他也答不出个所以然来。可能对于计算器面板会出现数字感到很好奇，有时他也会用剪刀将计算器的面板剪开。只要计算器丢了或被他剪坏，他就会要求我再买计算器。他当时常说："要买计算器、要买计算器。"我看他没有其他兴趣，只好再去买给他。我心想计算器的折损率如此之高，应该只要是计算器就好，便随意买了功能较简单的计算器来敷衍他。当我给他计算器时，他很快说："没有根号，要根号。"我听了之后大吃一惊，因为我从来没向他说过"根号"，他是从哪里听来的？一个自闭症小学生怎么会知道根号呢？他把没有根号功能的计算器退给我，叫我再去买有根号功能的计算器。我想，这或许是儿子的天赋所在，从此买给儿子的计算器都一定有根号功能了。

令人惊奇！竟会开根号

儿子就这样玩计算器玩了半年多，有一次弟弟和弟媳来我家，弟弟看到儿子在玩计算器玩得那么专注，就问我说："他在玩什么？"我说他可能在玩开根号。弟弟一听好奇地考儿子。弟弟问："1 的根号是多少？"儿子马上回答"1"；"25 开根号是多少？"他回答"5"；弟弟又问："625 的根号是多少？"儿子不加思索，马上回答出"25"。弟弟不太相信，就继续出题，那么××××根号是多少？儿子的嘴巴也立即跑出×× 的数字来。此时弟弟觉得很神奇，因此数字出得愈来愈大，而儿子说出的答案速度比弟弟按计算器的速度还要快，弟弟这时终于作出结论：我们家敦捷是数学天才喔！

儿子到底蕴藏了多少能力，老实说我不知道。他的能力常常都是我和家人不经意间发现的。他在小学三年级时已经会开六次方根，从一开始发现他会开二次方根以后，我就试了三次方根，他一开始把三次方根看成除以3，我便在纸上写下"9×9×9＝729，729的三次方根就是9"，我又随意举了两个例子，再写下其他问题，他便能马上不迟疑地写出答案；我想看儿子到底有多少能耐，便继续试了四次方根，然后五次方根，接着六次方根，天啊！好像他的脑子里装了晶片似的，答案马上奇迹般跑出来，根本不需要计算。他的答案比我按计算器验算来得快而准，而且我问他算得对不对？他会马上说："对。"

　　家人知道儿子会开根号之后，只要一看到他，就会马上拿一些数字考他，而他也从不负众望，都能立刻说出正确答案。儿子到了此时，说话的字数仍有限，我们每次回婆家，婆婆都会担心地说："怎么这么大了，还不太会说话？"此时，先生就会改变话题，向婆婆炫耀儿子是数学天才。婆婆当然听不懂什么是开根号，只听到先生高兴地细数儿子的光荣事迹，自然也跟着高兴。就这样，数字成为家人和儿子的沟通管道，儿子走到哪里，不管是在我娘家或是婆家，抑或是参加学校的活动，大家都一窝蜂地围在他身旁问他数字，当他们听到儿子口中的答案，众人都会惊呼，怎么这么神奇啊！简直就是数学天才嘛！自此之后，儿子就多了一个外号，叫作"开根号"。

无师自通，有自己的学习模式

我的数学不好，又很想试试儿子对概率、log 和三角函数等的能力，但我对这些几乎一窍不通，只好在纸上写出 1、3、5、7 等质数，结果他马上接着写下更多数字，一直写到接近 5 000，我随意抽出一些数字来验算，惊讶地发现他所写的数字确实都是质数。

儿子中学时的特教组长是我们大楼的邻居，有一天晚上来到我家，拜托我投稿一篇有关与儿子互动的文章，刊登在学校的刊物里。她看儿子在一旁玩计算器，便写了一些数字在纸上，儿子见了也跟着写出一些数字，我看不懂他们在写些什么，但数学系毕业的特教组长写着便惊呼起来："他真的会耶!"原来他们在写八进位和十六进位，她也说儿子的学习模式真的很特别，不需要教导讲解，只要把过程写出来，一旦他搞懂意思，就不需经过计算，能马上写出答案。

儿子的数学演算和语文能力一端在天，另一端在地。如果在学习上遇到文字题型，就须给予提示并慢慢解释给他听。知道儿子是自闭症后，我花了好长一段时间才慢慢地调适和接受事实，但在儿子的数学能力崭露头角后，马上又来了另一波的冲击：他具有双重的殊异特质，这简直是老天交给我的难题，只能战战兢兢，寻求多方资源来协助教育儿子。

我曾考虑过接受朋友的建议，帮儿子寻找数学家教，让他的数学能力开花结果。但是儿子的数学能力与一般数理资优生的学习模式不同，专业的数学老师不懂自闭症，懂自闭症的特教老师则未必会数学。我也曾带着儿子寻求参与相关部门补助的学术专案。儿子就读中学时，台北师范学院杨宗仁教授的学生郭佳芬曾经研究过他的开根号能力。他十七岁时也被担任过前教育部门负责人曾志朗所指导学生的期刊论文作为研究对象。我也一直期待台湾有研究机构针对自闭症孩子的数学优异能力做些什么，然而在台湾，特殊教育仅一刀分为资优教育和身心障碍教育，特殊学生在两个不同领域分别进行教学，而儿子即使有优异的数学能力，却因先天条件，只能被归在身心障碍类别里。对我而言，我现在只能试着规划未来能带儿子赴岛外进行有关学术研讨会，寻求能够找到适合他发展的环境。

天才与白痴一线之隔

儿子就读小学特教班时，有一位老师发现儿子对数字相当着迷，常常注视着时钟、微波炉或一直写数字，老师也从数字当中发现儿子的天分。这位老师也向我提到她有位主播妹婿，我听说这位主播要到学校演讲，赶紧到学校找他。他说最近的节目已经满档，改天再与我约个时间到电视台详细聊聊。因为他听特教老师提起儿子特殊的数学演算能力，想特别做个专访，让社会大众多了解自闭症者其异于常人的特殊能力。

几个月后我接到电话通知，到电视台见面，那一天外面下着倾盆大雨，我们在自助餐厅见面，一位谢小姐先过来与我们谈，我们在等待王主播时，儿子早就闲不住，离开座位跑到周围桌上搜集牙签。谢小姐看到这种景象，帮忙向餐厅人员解释儿子的状况，同时也帮儿子要了一些牙签。就在儿子数得不亦乐乎时，王主播来到现场。之前他已听说了儿子的情形，索性直接与儿子玩起数字游戏，当场见识到儿子的能耐，对儿子的好奇心更上一层楼。先生希望节目能将儿子打上马赛克，但马上被王先生婉拒。他说他的节目收视率很高，而且孩子的数学能力这么好，这应该是很光彩的事情，如果先生坚持要用马赛克，那么他宁愿不播出，最后先生也只好同意了。

"台湾雨人"的称号

王先生主播的《社会秘密档案》节目中，一开始的画面就是电影《雨人》的情节：雷蒙与弟弟在餐厅里，当牙签不慎掉在地上，他马上说出牙签的数目，另外还流利说出很多开根号和数字演算的答案。接着主持人的声音缓缓响起："各位观众，不要以为这是电影才有的情节。事实上，在台湾有一位不到十岁的男童，也具有'雨人'的能力。"镜头马上带到儿子在算数字并说出演算答案的画面。节目中也访问了台北市立教育大学特教系王教授和台北教育大学数学系张教授，张教授说儿子的开根号确实有他的演算模式，因为如果单靠记忆的话，回答偶数次和奇数次的反应时间不可能不同，但是我们至今还不知道他脑中演算的方法。

那次的节目主要访问了两名自闭症者。除了儿子之外，另一位是一个两岁多就开始听 ICRT 广播的亚斯伯格症者，他讲起英文的发音非常地道，他的妈妈表示，她和先生的英文都不好，说不定她儿子的前世是美国人。节目最后王主播也说：天才与白痴只是一线之隔，如果台湾无法提供他们适当的教学和环境，就像把天才放在白痴环境里，这些天才最后也无法成为天才。

欣赏孩子的长处

儿子的口语表达和人际互动是最大的弱势，与其一直担心他的弱势能力，倒不如多欣赏他的优势能力。我建议从多元智能来看孩子，每个人天生能力便有不同，若以成绩、学业等单一价值来评断孩子的优劣，对孩子有害，家长本身也难免钻牛角尖。

儿子最大的优势在数学逻辑、空间概念，最大的弱势则为语文和人际互动。当然那是因为他是自闭症者，而每个孩子的优势能力不同，有些在画画、音乐、阅读，有些则在运动等方面。其实不只是特殊孩子，家长面对一般孩子，也要通过多元价值来欣赏，鼓励孩子往自己的优势能力发挥，这样才能启发孩子的自信心和发展。

学者行为

许多社会大众常陷入迷思，认为自闭症者一定具有某些特殊能力，例如在音乐、画画或数学等方面展现长才。这可能因为受了电影《雨人》的影响，但为何有些自闭症者听过曲目后就能展现其绝对音感或者绘画能力，甚至绝佳的演算能力？他们这些能力都是无师自通，并非通过教育而成。这种能力属于"学者行为"，又可称为"savant"，意思即"to know"。

敦捷的特殊能力是他与生俱来的数学能力，如四岁多会写倍数；不到九岁会十位数的加、减、乘、除，不经计算过程，直接写出答案；十岁会开根号到六次方根；十三岁会八进位和十六进位；写出六位数的质数等。案例显示，"学者行为"较易出现于自闭症者身上，但迄今尚未有明确的定义，也无法确知真正的原因。

常被用来解释的原因是"savant"依赖他们殊异的记忆力，以记忆为主的模式解释优点是最快速的答案，且同时符合智商偏低的条件，因为记忆并不需要任何额外的复杂心理运作。但依据研究者郭佳芬对于儿子开根号的研究，发现不同位数呈现答案的时间长短不一，似乎不是依靠记忆作答，只是我们无法理解他的运算模式。

但可惜的是，一般的研究学者将无法解释的"学者行为"视为"零碎的天赋"，他们认为这些能力仅是零碎的片段，我个人则以为我们社会没有提供适合的环境让他们发挥。通常家中有自闭症孩子具有特殊行为，都靠家长自行努力为孩子提供舞台。有画画天才的孩子可以开画展，有音乐能力者可以在外演奏，但对于敦捷的数字能力，又有什么环境能供他发挥呢？这是我对他未来的考虑和焦虑之处。

第四课

一个人去旅行

　　我从儿子收集的票根得知，儿子从 2009 年 7 月开始自己搭乘高铁，大约一年的时间内，他一共收集了一百一十二张票根，总共坐了五十六趟高铁，其中到台北、桃园、新竹、嘉义、台南与左营的票根应有尽有，只要高铁停靠的车站，儿子都独自去过了。

旅遍台湾的交通达人

为了鼓励敦捷多用口语表达需求，只要他能说出地名，我都会在星期六休假时陪他四处走走。经过一周的课程，我其实已经相当疲累，但为了陪伴儿子，还是会履行承诺。我习惯在前一天晚上询问儿子隔天的行程，事先上网查询火车时刻表，但有时我们也会临时起意，未经事先计划就直接出发。

吃早餐时，早餐店老板问："你们今天又要去哪里啊？"

"今天还不知道呢！等一下到了火车站再决定。"

"你真是伟大，为了儿子到处陪他玩，我比你还年轻，也没办法做到耶！"

我们总是先吃过早餐之后才到火车站买票，在我排队买票时，儿子通常跑去一旁看地图，等我买好车票之后再叫他。上车之后儿子一直看着窗外，有时会起来走动。我有时候会看一些英文文献，累了就闭目养神，要不然就传简讯给朋友，告诉大家今天带儿子去了哪里。朋友说："你就放轻松，当成你儿子带你到处玩，要不是他的话，我看你也懒得出门喔！"

我们母子的周末小旅行，一共去过桃园县的桃园、埔心和杨梅，新竹县的湖口、新丰、竹北和新竹，苗栗县的通宵、造桥和苗栗，台中县的沙鹿、梧栖和台中市，彰化县的员林、田中和二水以及彰化市，台南市、大桥和高雄等。朋友问我儿子为什么想去那里，我通常也答不上来，只能说儿子说得出地名，我就带着他去。到了当地火车站，我会请儿子读出站名，走在路上，我也会指着门牌请儿子读出地名。

朋友问："他怎么会知道那些地名？"我说："我起先也不知道，后来发现当我在买车票时，他会在旁边看一些地名，我才知道有这些地方。"朋友又问："他为什么想去这些地方玩？"我回说："不知道耶！可能是他对这些地方感到好奇吧！"

有一次，他跟我说要去"林内"，我不知道这个地方，上网去查才知道它在云林。我们也去了东部，像是宜兰和苏澳；他要求我带他去花莲，我说花莲太远了，以后再去。他又说台东，我说台东更远，今天来不及。又有一次，他说去"菁桐"，我一时会意不过来，问了卖票的服务员，他回答："你们要先坐到瑞芳，再搭支线到菁桐。"此时才想起先生曾在平溪经营果菜批发，菁桐不就在那附近吗？

除了搭火车，他有时也会要求搭客运："要坐客运，要走高速公路。"我喜欢坐火车，但如果客运能到达的地方，儿子通常喜欢选择去程坐火车，回程搭客运，像是彰化、台中、宜兰、新竹、台南和高雄等地。我们还去过埔里和头份。算算我们至今去过的地点，那可是从台湾北部的基隆一路排到了最南端的屏东！我们通常一日往返，朋友和志工都说我很了不起，平常工作已够疲累了，星期六还要带着儿子到处走，换成她们的话，很难做得到。

儿子喜欢宽阔的空间，他的个性喜好自由不受约束，他会要求我带他到处玩。他小时候我们常坐公交车到台北附近，之后也试着慢慢拉长距离并搭乘不同的交通工具，例如地铁、火车或客运等。反思起来，如果不是儿子要求，我也没想过要在台湾四处走，为了满足儿子的好奇心，和儿子一起四处搭车游玩的旅行时光，竟成了意外的收获。

儿子中学时就会自己搭乘公交车到外婆家，慢慢地自己也放胆越跑越远。一开始我不放心让他自己出去，但他出门前大多不会先告知，都是回家后再说。之后他独自出门，许多人都问我，怎么能放心让儿子自己出门？但这也是我长期陪伴他出游，对他的旅游模式深能理解之故。几年下来，我自觉包括我在内，许多身心障碍者的父母常陷在保护心态中，孩子在成长，父母的心态却没跟着改变或成长，这也是许多孩子始终无法独立的原因。

儿子喜欢坐地铁，能说出每一站站名

儿子非常喜欢坐地铁，在他的要求下，我们也坐过地铁的每条路线。他的记忆力很好，我们在地铁上，我问他下一站地名，他都能正确回答。有时儿子可能对沿途的一些地名感到好奇，也会要求中途下车。我们曾在辛亥、万芳医院和万芳社区等站下车，出站之后，我们就在附近走走看看，或到快餐店吃东西，这样也就满足了他的心愿。

除了板南线和木栅线以外，我们也常搭乘新店线或淡水线。我们去过真理大学、红毛城、老街，并搭船到对岸的八里。除了淡水站外，我们最常在士林站下车，一路随意散步到士林官邸，在那里欣赏花、树木、凉亭和生态园。如果走累了，我就和儿子坐下来休息，通常我坐着看英文文献，他则在一旁玩计算器，一边按一边读数字，常引起旁人的好奇，以为他在玩电动玩具。当旁人凑过来一看，常会惊叹："我还以为他在玩电动玩具耶，按得好快喔！原来他是在玩计算器喔！"我也会告诉他们，儿子是自闭症患者，但他对数字非常敏感，他从小学二年级开始就喜欢玩计算器，连出来玩也是计算器不离手。

许多人回答我说："有很多自闭症者很聪明喔！他们不是都有某方面的特殊能力吗？"我说："也未必是这样，有特殊能力的还是少数，只不过自闭症者中有特殊能力的人在比例上比一般人中要高出许多，但也有许多自闭症者智商偏低，无法自理生活，或是自伤行为严重。"

由于儿子的行为常会引起他人注意，我也会顺势向大家解释什么是自闭症。绝大多数的人会认为自闭症来自心理因素，我想那是因为"自闭症"的名词常被人望文生义，误以为是自我封闭。要了解自闭症当然不能只靠一番话的工夫，但起码能让更多人对自闭症有一些实质的接触与概略的认识，我也觉得很高兴。

儿子也曾要求在红树林、竹围、关渡、忠义和芝山等站下车，即使地铁站附近没有什么特别的景点，我们还是会下车走走。我们也去过新店在线的碧潭，在那里踩了几次船，古亭、公馆、景美和万隆也都去过；顶溪、永安市场、景安和南势角每站也都有我们的足迹。

转搭地铁时，儿子有时会走在我前方，一边走一边玩计算器，偶尔抬头确认一下方位，就能正确地走到要搭车的月台。令我惊奇的是，每每走到接近等待线处，儿子也能准确地停住脚步，等候下一班地铁的到来。

一路向南

儿子在 2009 年寒假时，自己去过竹南和造桥。他去造桥的那一天，台铁铁路派出所警察打电话给我，问："请问张敦捷是你儿子吗？"我说："是。他在哪里？"他说："他在造桥。"我告诉警察，他自己会坐车到处玩，又询问警察为何来电，警察说是便利店请他了解状况，因为儿子拿了一张千元大钞要换一千个一元硬币，店员觉得很奇怪，便报警。我向警察解释："他有自闭症，很喜欢硬币，那是他的压岁钱，他习惯把钞票换成硬币，家里已经有三万多个一元硬币，他每隔一段时间就会数他的硬币。"警察说："好。我了解了，等一下我帮他买车票让他回去。"我问："他到造桥，有买票吗？"警察说："有。从板桥买到造桥。"

寒假过后的一个星期日，儿子早上七点多就出门，到了晚上九点多才回家。我问他去哪里，他也没有回答。我看了发票，才知道儿子跑去丰原。当时我在准备博士资格考试，所以星期六没有陪儿子出门，儿子便跟我要了二百元，自己出去玩。隔天五点多回到家时，听女儿说儿子才刚回到家，我问他去了哪里？他回答："员林。"

去了通宵，没车北上

同年 5 月上旬，晚上十点半左右，我接到一通电话，是台铁通宵站的站务人员来电。他告诉我，儿子自己背着背包在月台上走来走去，而且时间已经晚了，他们便上前向儿子询问家里的联络方式。我问站务员现在是否有车可回台北，站务人员说："现在已经没有车回台北了，最后一班车只到新竹，你可不可以到新竹接他？"我告诉他自己不会开车，隔天还要上班，希望请派出所协助处理，让儿子在派出所过夜。

不久后接到通宵派出所警员来电，警察告诉我："张妈妈，你要想办法自己来接你儿子，你儿子又不是现行犯，也没犯什么错，我们不能把他留在派出所。"我说："拜托啦！请你帮帮忙，他有自闭症，自己也不会找地方过夜，而且他不是不会坐车回家，只是已经没有车了。"

警员不愿意带他去派出所，站务员又打电话来确认派出所警员是否会协助安置儿子。我将警员的话转告站务员，站务员便偷偷教我，先打给苗栗县警察局，请他们帮助儿子，如果他们还是不愿意处理，就再打给警政总署。

我查了苗栗县警察局和警政总署的电话，先打到警察局告知儿子的情形，他们要我再打电话请刚才拒绝过我的通宵分局处理，我便再打电话给警政总署，对方听了我的叙述，答应联络过后再打电话给我。我在电话旁守候，不久后，警政总署的警员来电，告知我已经请通宵派出所的警员去火车站接儿子了。我便再打电话给站务员，告诉他派出所的警员将会去车站接儿子，并感谢他教给我处理方法。

儿子也去了妈妈不知道的地方

同年 5 月下旬的一个星期六，儿子要求去新营，我说新营太远了，便给他二百元让他自己出去玩，我则去图书馆看书。他到第二天凌晨才回家，我在桌上发现了一张当日"板桥→高雄"的统联客运车票。星期日早上八点，儿子再度出门，到晚上快十一点才回来，这次我发现一张"台中→车埕"的火车补票，连我也不清楚车埕在哪里，儿子却自己去了。接着端午节当天晚上快七点，我接到一通电话，电话那头的警察通知我，儿子独自坐火车到屏东，并紧张地问我要不要来接他。我向警察解释："没关系，他自己会坐车。"警察说："他怎么自己坐火车跑这么远？"我说："我先生每个月都会去大陆一段时间，先生不在家的时候，我儿子就会到处去玩。"不久后我再度接到警察来电，他说已经买好票让儿子北上，并告知到板桥的大约时间，我谢过他，放心地在家等候，到了凌晨一点多，终于看到儿子回家的身影，我赶紧打电话跟警察报平安。

儿子的高铁初体验

2008 年年初三，先生依惯例去大陆，儿子要求我带他去高雄，他这次坚持要搭客运，过年期间当然大堵车，我们十点多才坐上车，到高雄已经快傍晚五点。至少有二十几年没到高雄了，用完餐实在不知道要去哪里玩，正想和儿子讨论要去爱河或是旗津走走，旁边有人建议："今天这么冷，不适合去旗津，现在高雄地铁还没正式营运，可以免费搭乘，你们可以去搭搭看！"

连当地人都说，高雄的冬天很久不曾这么冷了，想想外面风非常大，我决定跟儿子先去坐地铁，下一次再去爱河和旗津。我们搭地铁到处晃，当晚搭火车到屏东，借住在师资班同学家。隔天早上我们先搭火车到左营，再转搭高铁回板桥。坐上高铁之后，我闭目养神，眼睛才刚闭上没多久，一下子就到台中了，我又再度闭上眼睛，不久就听到广播说快到板桥了。

这是我与儿子第一次搭乘高铁。之前我们出游，不是坐公交车、火车，就是地铁或客运。初次体验高铁之旅，速度真是快得惊人，儿子坐在高铁上，中途起身在走道来回走了几次，被车上人员劝告赶紧就座，我想搭乘高铁也确实让他对交通方式有了全新体验。

旅游随兴，没有事先计划

我和儿子第二次搭高铁已是暑假尾声，他在9月又要求搭高铁到高雄玩，我答应了他，但是和他约好几个月后再去。儿子问："一月几号？"因为儿子对数字较有概念，他的问题也常常会和时间或数字连在一起。我一时不清楚旧历过年是几月几号，便说到时候再讨论，他怕我敷衍，又追问："一月几号？"我查了年历，1月26日是初一，我们要等到先生去大陆再去高雄玩，所以大概是1月28日。我告诉他2008年的1月28日出发，他马上纠正我的口误，说是2009年，我这才会意过来。他对公元计算都很清楚，他听到日期确定后，就没有再问我了。

我和儿子出去玩都很随兴，常常到了火车站，他才开始看地名。儿子看地图决定要去哪里，我负责排队买票。二访高雄，搭高铁抵达时已是傍晚，我们坐船游爱河、坐地铁到西子湾，又坐船到旗津，在海产店享用海鲜，再坐船回去夜宿西子湾。隔天早上我们坐地铁到处逛，想想既然人已在高雄，再去台南一趟好了，便带着儿子又到台南舅舅家住了一夜。

之前儿子曾说过好多次要去"大桥"，我本想他会不会口误，把"造桥"说成"大桥"，到了舅舅家才知道，原来"大桥"就在台南附近。隔天表弟载我们到台南火车站，我们坐区间车到大桥，在大桥吃东西散步，又坐区间车回到台南，再坐自强号回板桥，也算是又和儿子共同完成了一个目标。

儿子喜欢搜集高铁票根

我和儿子一起坐了三次高铁，不知道他是喜欢上高铁的速度，还是新的交通工具让他感觉新鲜。现在只要先生不在家，他就会独自出门，直到晚上十一点多以后才回家。我好奇他去了哪里，检查票根才发现儿子常常坐高铁四处游玩。他把一大叠高铁票根放在小塑料袋内，常常拿出来数，我在旁边看他的神情，好像那就是他的战利品一般。

我从票根得知，儿子从 2009 年 7 月开始自己搭乘高铁，那时他刚从高职毕业，到 2010 年 7 月 19 日，大约一年的时间内，他一共收集了一百一十二张票根，也就是他总共坐了五十六趟高铁，其中到台北、桃园、新竹、嘉义、台南与左营的票根应有尽有，只要高铁停靠的车站，儿子每一站都去过了。

我告诉朋友，儿子常常自己坐高铁去玩，她们异口同声："怎么那么厉害啊！我都没有坐过高铁，也不知道去哪里买票呢！他怎么会有钱？"我说："他会跟我要钱，也会跟他爸爸拿钱，拿了钱以后，会去买东西吃，也会存下来。"她们好奇地问："他怎么知道去哪里买票呢？"我说："之前带他坐过三次高铁，他知道啊！"亲朋好友们一致觉得儿子真的很厉害，我说："他命好，吃、喝、玩、乐样样精通，这是他的福气，我们哪有人能像他这么好命呢！"

朋友都夸儿子很厉害，会自己去高铁窗口买票，也懂得走到正确的月台。我想这是因为儿子对数字非常有概念，要付多少钱和找回多少，他都算得比一般人还清楚，也懂得阅读车站的告示。

我想儿子这些能力并不是从学校课堂中学到，而是自己在外面渐渐自学而成的。以前他晚回家时我总是非常担心，现在承受力已经被他训练得越来越强了。

热心人留纸条告知儿子搭乘高铁情形

很多人问我，儿子怎么找到座位的？虽然我知道他看得懂车厢和座位号次，但私底下也很好奇他在车上的情形。直到有一次，我在他的背包里看到一张黄色的纸条，是一位同样拥有自闭症孩子的妈妈写给我的。她写道：她在台中回台北的高铁遇上我儿子。她认为我可能会想知道儿子独自搭高铁的情形，所以决定提笔写信给我。

那位妈妈的信中写道，随车警察一直跟在儿子身边照顾他不去巡车，车上小姐亲切地安排儿子坐下，还请他吃东西喝果汁。儿子在行车中，会把自己背包里的物品拿出来放在地上，从中找出他要的东西，再把其他物品塞回包包；儿子在车程中上了一次厕所、按了一次求助铃。警察询问他会不会怕警察，因为警察一靠近月台，儿子便用手捂着耳朵、将头闪向另一边，而警察担心他太靠近铁轨，会上前将他带到安全线后方……信中记录了儿子独自旅行的各种琐事。我看了之后觉得温暖又欣慰，高铁服务人员和警察愿意这样不厌其烦地帮助我儿子。在感恩他们对弱势者付出关怀和爱心的同时，我也不禁感谢那位萍水相逢，只是在高铁上遇见我儿子，便默默写信为我记录这一切的热心人。

生命历程的转折，去旅行吧！

儿子不想回工坊

儿子休学后，对我而言反而减轻了许多负担，但也不能因此放任儿子天天自由行，我便打电话给自闭症总会，询问是否可以让儿子再回去参加职训。社工给我的答复是儿子已经结案，必须再重新评估。隔天我打电话给社工约时间带儿子去评估，却听说现在名额已满，就算通过评估也还需等待，但无法预料需要等待多久。

我问儿子："敦捷，你现在到底想做什么？"并给他三个选项：一、念大学，二、到处玩，三、去宁波西街（自闭症工坊）。儿子不加思索地回答："念大学。"我再说："可是你必须要休学，不能念大学了，那么你还想做什么？到处玩或去宁波西街？"儿子马上回答："到处玩。"先生在旁边生气地说："都是你在误导他。"又大声地对儿子说:"你如果不去宁波西街的话,那么就把你关在派出所。"

于是我再问儿子:"敦捷,你要去宁波西街还是关在派出所?"没想到儿子竟然回答派出所。我又问儿子:"那么你要去宁波西街还是关在医院?"他又出乎意料地回答:"关在医院。"连续问了几次之后,我真的百思不解,为何儿子就是不想去宁波西街。

这件事情过后,我推敲敦捷之所以不想回工坊,是因为他不喜欢被约束,他最喜欢的活动是玩计算器,所以他面对我询问未来时,会回答"大学""到处玩",至于为何会提到"关在派出所",他可能知道爸爸在故意吓唬他,不可能真的把他关在派出所。至于敦捷提出要"念大学",我至今无法知道他的理由,只能从他的行为中判断出,他应该是将换个环境、离开工坊视为第一优先的选项。但敦捷之前并未接触过真正的大学环境,真正就读大学应也与他原本的观念不同,还是得在教室上课,并不能自由自在地玩他的计算器,所以他行为再度脱序,短暂的大学时光注定提早画上句点。

再度展开行程

接下来的日子里,我白天出门时,会先去便利店帮他加值悠游卡，再去固定的早餐店，将悠游卡和钱交给老板娘，等儿子去吃早餐时过去拿。他吃完早餐后，就开始展开他今天的行程，到晚上六点多才回家吃晚餐。他通常不会事先告诉我他的行程，都是在晚餐时刻我才知道他今天的去向。过了几天，先生去大陆，他去的地方又更远了。

有一次下午四点多，我的手机出现一通未知来电，电话那一头的声音说："请问你是张敦捷的妈妈吗？"我回答是，对方是南投中寮乡派出所警员，他告诉我，看到儿子一个人在等公交车，因为担心儿子的安全问题，便打电话向我确认。

我告诉警察，儿子习惯常常到处玩，可以自己回家，警察便把电话给儿子，要我跟儿子说话。我听到儿子的声音，便说："阿捷，你不是跟妈妈约好要吃火锅吗？"儿子在电话那头说："要吃火锅、要吃火锅。"我说："那你赶快回来，妈妈等阿捷回家吃火锅。你把电话拿给警察叔叔。"警察半信半疑地问："他自己回去真的没问题吗？"我告诉警察，等儿子回家后一定打电话向他报平安，警察便让儿子自己回家了。

之后有一阵子，儿子老是往南投方向跑，我告诉儿子南投太远了，而且去了那么多次，可以不要再去。再过了几天，我发现在下午二点多有数通未接来电，一看号码开头是066，赶紧打电话过去。电话一接通，一位男性的声音响起："白河派出所，我姓王。请问你是陈淑芬小姐吗？"我说："是。"他说："请问张敦捷是你儿子吗？"我回答是，并主动跟他说，儿子有自闭症，但会自己搭车，只是口语表达能力不好，请警察不用替他担心。

警察问："他怎么会自己跑这么远？"我回答说："我也不知道他去了白河，但他自己去过屏东还有花莲玉里呢！"警察说："那你要让他自己搭车回家啰！"我拜托警察把他送到最近的火车站，让他自己回家。警察说距离那边最近的火车站是后壁，但是后壁只到嘉义而已。我说没关系，儿子自己会转车。警察答应后，我谢过他，并答应儿子到家后会打电话报平安。

晚上十点半左右，儿子回家了。我叫他赶快去洗手吃晚餐，当他从房间出来后，我问："敦捷，你从嘉义坐什么车回来？"他回答："坐高铁。"我说："敦捷，白河真的很远，你下次要去的话，可不可以带妈妈一起去？"儿子回答："好。"

我赶紧打电话给那位警察报平安，得知那位先生是派出所所长，他还热心邀请我以后有机会要和儿子去白河找他。在这次白河事件之后，我告诫儿子不能独自跑得太远，告诉他如果想出门，就去近一点的地方，像新竹、基隆或宜兰，儿子也回答："知道。"

再过两天，我在下班时又发现好几通未接来电，开头号码是038，我打过去一问，原来又是派出所。这次，警察同样询问："他怎么自己跑到宜兰这么远？"我说："警察先生，宜兰算近了，他曾经自己去过屏东和玉里，他前几天还去南投和台南白河呢！"

警察说："好。那么我请他自己回家喔！"我说："谢谢你，请不用担心，他有这个能力的。"在我连续接到三通派出所的电话后，儿子依旧到处自由行，他通常会在早上告诉我他晚上要吃的东西，像是火锅、麦当劳、肯德基等，也会在七点多回到家吃晚餐，我大多是问过他之后才知道他当天的行程，不过在儿子缩短旅行距离之后，我就没再接到派出所的电话了。

　　一直以来，不断有人质疑我为何放任儿子到处旅游，她们都问我不担心吗？其实事后想起来，儿子在2009年7月要到斗六之前两天，他说了"通宵""员林"和"云林"几个地名，就透露了信息给我。只是我当时正在赶着博士班作业，对儿子说过几天再一起去，没想到他是行动派，自己先主动前往。经过这个事件之后，只要儿子说出地名，我都会尽量和他一起去，有时真的无法立刻出发，我也会事先与他沟通出发日期。儿子对数字非常敏锐，只要约好了日期，他就会牢牢记住。

　　几次事件过后，我确定儿子自己有独自出门的能力，才逐渐安心放手。当宜兰派出所警员、南投中寮乡警员以及台南白河派出所所长等人打电话给我时，我通常会先问他们怎么了，为何会打这通电话，得到的答案几乎都是相同的。警察看儿子一人独自在外，便打电话给监护人表示关心。儿子的外形仍能明显看出与一般成年人有异，独自出门的机会又多，当警察来电关心时，就需要家长向警察主动说明。我通常会主动让警察知道儿子是自闭症患者，口语表达能力不佳，但强调他有良好的交通能力，能自行搭乘大众运输工具，希望他们放心。借着这些事件，也可让各地警察多认识自闭症患者案例。但是这一切的前提，都必须建立在家长明确了解自己孩子的能力上。

我自己心里很清楚，学业对儿子而言并不重要，就算他参加职训多年，也不见得能安然进入职场工作，至少他目前这样到处探险旅游，不会惹出麻烦，也不会像时下行为偏差的青少年那样飙车、吸毒或殴打滋事等。比起寻常父母对一般子女出人头地的期许，我只要这个特别的儿子平安快乐就好，还要奢望什么呢？毕竟儿子的妈妈是我，二十几年摸索下来，我知道对儿子最好的处理方式，就算别人对我放手让儿子到处旅行有意见，如果他们有这样特殊的孩子，也许他们的想法又会不同，抑或不会做得比我现在更好。如果儿子的行为不会伤害任何人，我又何必在乎别人的想法呢？

行动分析——自我决定行为

自我决定的要素包含：做选择、做决定、解决问题能力、目标设定能力、自我管理能力以及自我了解能力等。而设定维持目标的能力是表现其自我决定态度的核心能力，我们提供自闭症者选择的机会，可降低他们的问题行为，且能增进其适应行为。

儿子表现在生活中的自我决定行为包含自己选择食物、自己规划每天的活动、遇到困难时请人打电话给妈妈寻求协助，以及自己存零用钱等。这些行为也需家庭参与配合，因为家庭对于特殊孩子自我决定的发展扮演着关键性的角色；而自闭症患者增进自我决定能力的同时，能增进生活质量并学习独立生活，也能降低父母的压力。

当然，家长要提升孩子的自我决定能力，亦需从小训练并适时给予机会。家有特殊孩子的家长想慢慢训练孩子行动独立，不能一直跟在孩子身旁，行走的远近需要长时间训练，可以考虑孩子的能力，先从近距离开始培养，之后再慢慢拉远距离，孩子也会慢慢成长。同时，家长的心态也要调整，要认识到自己一定是最了解孩子的人，除了学校教育以外，家长对孩子的教育更为重要，只有家长和学校教育双方面配合执行，才能带给孩子最有成效的进步。

第五课

难以启齿的怪癖行为

　　儿子目前已搜集了七万多个一元铜板，并会不断拿旧的铜板去兑换新的。 别人问他为什么喜欢一元铜板，他会回答"亮亮的"。 他同时搜集了两大袋番茄酱、数百张高铁票根、火锅店广告单，也特别注意车牌号码、棒球转播中显示的投手球速等。

不爱穿袜子被同学抱怨

儿子在小学低、中年级时，上学时还会乖乖穿上袜子，直到回家再脱下来，但不知道是什么原因，儿子上了高年级之后，一到安亲班就会直接把袜子脱下来。这种情形持续一段时间，老师因学生不断反映，只好找我沟通："张敦捷妈妈，敦捷在安亲班不穿袜子，许多小朋友嫌他脚臭，回去跟家长说，因此许多家长向我反映，你可不可以请他穿上袜子？以免其他家长再说他。"

回家之后，我叫儿子过来："敦捷，你没有穿袜子，脚会流汗，会臭臭的，你要不要穿上袜子？要不然小朋友都会说你的脚臭臭的。"他说："不要。"我说："但是很多小朋友都说你的脚臭，怎么办？你在安亲班要穿袜子，要不然就不要上安亲班了。"他竟然回说："不要去安亲班。"我想总要尊重他的意愿，让他慢慢学习独立，后来便与先生决定让他自己带钥匙在身上，放学之后，自己学习开门回家。我怕他肚子饿，便会事先准备一些点心放在家里。每当我回到家，都看到他乖乖待在家里，因此我也就放心了。

为了儿子不穿袜子的事，我与他沟通数次，发现他还是坚持不穿袜子。他常怕被爸爸责骂，便在出门前先穿上袜子，一出门马上就脱掉。这种情形经过多次，先生也无法再勉强他。

有些自闭症孩子有触觉防卫行为，不喜欢穿袜子被束缚的感觉，虽然学校如此规定，我也只好特别跟级任导师沟通，请求通融。儿子不想穿袜子，为了不让他影响到其他孩子，我也尊重他的意愿，决定不再让他去安亲班。我一直以为我跟先生回家前，他总是乖乖在家等待，没想到后来有人告知我，在外面看到儿子，我才发现儿子不但常在放学后跑出去，还总是能在爸妈回家前先行返家，这反而让我意外确定他有独自出门的能力。

丝袜的致命吸引力

幼教老师对儿子看丝袜的包容

2010年的父亲节刚巧又逢星期日。先生不在台湾，女儿早上九点多就出门。前几天就已计划好，这一天先跟儿子去吃他最爱的火锅，接着带营养补给品回娘家。当天一出门，我们搭乘电梯准备下楼，电梯里有两女一男三位邻居，男生大概三十岁左右，两个女生当中，年轻的大概不到三十岁，另一位看起来约与我的年龄相仿。

年轻的那位女性穿着一件黑长裤，脚上穿的是包头低跟鞋。儿子在旁边说"有穿丝袜、有穿丝袜"，我怕引起误解，赶快向他们解释儿子是自闭症患者，喜欢看女生的丝袜。这位小姐很有耐心地回答："没关系，我们了解这样的孩子。"说完那位小姐还把脚抬起来，告诉儿子她没有穿丝袜。我很好奇地问她：怎么能如此接纳他的行为？她说她是幼保系的，自己也带过自闭症的孩子。我想那天大概是我们的幸运日，才刚出门，竟然就碰到可以了解并接受儿子怪异行为的陌生人。

图书馆的丝袜事件

当知道儿子考上技术学院后，我还在上班，本来预计让他在自闭症工坊待到 8 月底。但听从先生的建议，我从 7 月中旬开始把儿子带在身边，当我在写作时，儿子可以在旁边做他的事情，当我打字打得太累时，还可以带儿子到处晃晃。

那一周是我写作的高峰期，每天都有三千多字的进度。星期一到五，我们吃过早餐后再搭公交车和地铁到学校，接下来的四个多小时就是我与计算机的热恋时间，偶尔抬头看看儿子、和儿子说说话、带儿子吃午餐和上个厕所；有时候真的太累，我只起身走动一下，与学弟学妹闲聊几句，就坐回固定位子继续奋斗。7 月 26 日那天是星期一，一到教室，我就发觉很闷热，才知道学校冷气坏了，我坐在计算机前打打停停，实在没什么进度。我想既然是星期一，身体也较疲累，隔天再加紧补上进度即可。

星期二早上到了学校，还是没有冷气，闷热的天气严重影响心情，我便跟儿子到了图书馆，我在一台计算机前坐下，儿子则坐在距离我前方约五米的位子上。我集中心思写作时，也会定时将眼神飘向儿子，确认儿子的动向后，再回神专心写作。几分钟后，我看到两位男女在跟儿子说话，急忙赶过去了解状况。后来知道那位小姐是图书馆的组长，男性则是教官。组长说："你儿子刚刚跑去看我同事的丝袜，我同事吓到了。"我解释说："对不起，我儿子有自闭症，他喜欢看女生的丝袜，真的很对不起。"教官说："你这样说，我们就能理解了，其实你带这样的孩子很辛苦。"他转头跟组长说："那要不要请这位妈妈去跟同事说明，让她了解状况。"组长说："没关系，现在我已经知道了，我会跟同事说，她可以理解的。"

　　为了预防再发生类似的状况，他们两人希望儿子乖乖坐在我旁边。那时已经快十二点了，我便拔掉随身碟，带儿子到楼下餐厅吃饭。

　　我们吃过饭后，我带着儿子到另一栋大楼寻找教室。助教说暑假期间教室不外借，我便走到研究生联谊室。推门进入后，看到有三位女生，我自我介绍自己现就读博士班，并把儿子在图书馆发生的事情一五一十地向她们说明。我并不怕向别人解释儿子的行为，而图书馆是开放空间，我也不想制造他人的困扰。幸好她们三位都是语言治疗所的研究生，其中有一位还是语言治疗师，她对自闭症的行为也很能理解。

　　我征求她们的同意后，找了一台计算机开始写论文，同时让儿子坐在我身后的位子上，他依然全神贯注在他的数字堆里。我在冷气房里比较清醒，写故事的进度也跟着提升，虽然无法补足昨天的字数，但至少能维持平时的进度。我主动跟学妹分享我之前从事进出口贸易，在四十岁那年才考上特教师资班，接着考上身心障碍教育学研究所，再拿到硕士学位后，来年又考上教育学系心理辅导组博士班的经历。并向她们提到，我的论文题目也是书写并分析儿子的行为特质、教育历程和自己的心路历程，希望能让社会大众更了解自闭症。她们跟我聊得很愉快，还说若是这些故事能够顺利成书，到时候她们一定会来捧场。

儿子的行为经我多番解释，虽然都能得到他人的谅解，但我心里仍深刻担忧，若有一天我不在儿子身边时，儿子发生此行为，一定会引起他人的误解和害怕。

我知道这是他的固着行为，自闭症孩子不会在乎别人的眼光，也不了解社会规范行为，虽然一再解释过这些行为特征，但我总担心别人会认定我没有好好教导自己的儿子，更没有能力担任特教班老师。通常碰到心烦的事，我会去寻求非常了解我、对我相当支持，而且能够信任的人诉说苦恼。我不怕说出来丢人，因为说出来才能分享心中的恐惧与想法上的盲点，也能得到稳定的情绪支持，对父母本身压力的适度纾解是很重要的。

处理丝袜问题

儿子小学五年级时，导师有一次告诉我："敦捷喜欢看老师穿的丝袜，有时候他会主动凑过来看，有时候老师穿长裙或长裤，他为了要看丝袜，还会掀老师的裙子或裤子，甚至趴在地上往上看，或是用手触摸，怎么处理比较好呢？你自己是学特殊教育的，可不可以想想如何教导他?"

我请教过自闭症专家，专家请老师运用玩偶进行角色扮演，让孩子知道不能碰触别人的身体，后来我听老师说，儿子连看都不看玩偶一眼，这个方法显然对他无效。我只好试想了其他办法，告诉老师说，既然儿子对丝袜好奇，那么就只好请老师看到他的视线在瞄丝袜时主动告知："我有穿丝袜。"我想这个方法应该奏效，后来便没有再听老师向我提及这个问题了。

儿子上了中学之后，他喜欢看丝袜的行为仍然没有改变。学校老师又向我提到他的这项癖好，我说他对丝袜很好奇，并告知老师同样的解决方法。这么一来，后来听辅导室的特教组长说，穿上丝袜的女老师只要一看到儿子的视线往下飘，她们就主动说"有穿丝袜"来解决。

儿子就读高职时，很快地也出现同样行为，我仍旧告诉老师上述处理方法。我知道学校有心理辅导师，也向学校寻求协助，教导儿子改善此行为，然而心理师未针对此行为提供个别辅导，而学校的团体辅导课程则是宠物治疗，不过后来也再没有听到高职的导师提起儿子看丝袜的事情。

看丝袜的问题

我为了儿子穿丝袜或看他人丝袜的问题一直非常伤脑筋，也请教过许多学者，学者教授大多认为这是自闭症的感官问题，可能丝袜对儿子带来触觉刺激，因此建议采用减敏感方法，将丝袜套在矿泉水瓶上让他触摸，习惯此类刺激。然而我尝试过后发现建议无效，因为丝袜套在矿泉水瓶上和穿在脚上的触感全然不同，无法降低儿子对丝袜的兴趣；亦有学者建议利用玩偶穿着丝袜作角色扮演，但问题也无法解决，因为儿子完全不看玩偶一眼；反而依据我的建议，只要儿子视线往下盯着他人的腿，对方就主动说出"有穿丝袜"以满足其好奇心的办法最为奏效，但这也需要对方的配合与警觉，并且仍无法改善儿子常突然惊扰到陌生人的状况。

自闭症者常会发展自己的固着行为，旁人很难了解。儿子最初接触丝袜是在一两岁时，若我在忙，无法照顾而又担心他跑出去门口发生危险时，会用丝袜绑住他的腰部以限制他的行动。我想或许他喜欢丝袜的弹性和触感，抑或有其他原因，我无从了解。但自闭症者之固着行为因人而异，我到目前仍未找到自闭症者特别喜欢丝袜的相关原因，只能从其感官刺激或固着行为去寻求解答。

喜欢收集饮料，只买不喝

堆满吧台的饮料是儿子的战利品

我的娘家经营杂货店，儿子只要回到外婆家，就会自己从冰柜拿走两三瓶饮料。外公会大声阻止，但儿子从不理会，甚至会自己拿塑料袋将饮料装起来，我告诫儿子"要付钱给阿公"，他便随意地拿出一些零钱交给外公，但外婆在旁边一说"不用了"，他就赶紧把钱收起来，并马上放进一个小透明塑料袋里。

儿子大多拿至少一千毫升的饮料回家，将饮料带回家后，他并没有打开来喝，而是用塑料袋将它们包起来，每瓶各自用一个塑料袋包好，再用透明胶带黏好，将它们一瓶一瓶整齐地摆放在家里的吧台上，并对这些饮料相当保护，不让别人随便拿取。

儿子上中学之后，我每天会给他一些零用钱，最初是怕他肚子饿，在我回家之前，他可以自己先去买点心吃，但是我从发票中发现儿子大多只购买饮料。过了一段时间，不知不觉地发现家中饮料越积越多，经过几次制止之后，他仍继续照买不误。我与先生讨论，先生认为让他买也没关系，反正儿子没有什么其他嗜好。我也想不出阻止他买饮料的理由，就这样让儿子把饮料瓶摆满吧台。看着他每天晚上将新的战利品包好，再用透明胶带黏好，整齐堆放成一座小山的样子，好像在忙什么大事一般。

绝佳的听力保护战利品

有时趁儿子待在自己房间时，我会偷偷地拿起一瓶饮料放在地上，轻轻打开瓶盖，没想到儿子会马上从房间走出来，拿走我刚打开瓶盖的饮料，将瓶盖重新锁好，拿回吧台放好，并去倒一杯水，放在我面前，并且跟我说"喝水"。

我试了好几次，每次都是一样，只要我打开瓶盖，一定逃不过他的耳朵，每次饮料总会被换成开水。有几次我试着与他商量，对他说："妈妈给敦捷钱，跟你换饮料好不好？"他会敏锐地问："几块钱？"再决定要不要和我交换饮料。真是无可奈何，明明就是我给他零钱去买的饮料，如果妈妈想喝饮料，还得再拿钱出来跟他交换，真是稳赚不赔的生意啊！

爸爸吓阻不准再买饮料

我之前和先生讨论此事，他不以为意，然而饮料越积越多，大约累积了两百多瓶，摆满整个吧台和下面的木板后，先生开始阻止儿子买饮料。先生总问儿子："饮料放太久会怎样？"儿子回答："会过期。"先生问："过期能不能喝？"儿子答："不能喝。"先生接着又问："不能喝会怎么样？"儿子说："浪费钱。"先生问："可不可以浪费钱？"儿子答："不可以。"先生接着又问："给你钱，可不可以再拿去买饮料？"儿子说："不可以。"

先生和儿子如此沟通了无数次，儿子的回答都是"不可以再买饮料"，但口头上的承诺就是改变不了他继续买饮料的事实。有时候家里准备开饭时，先生会叫儿子拿饮料出来喝。先生会说："敦捷，你找一瓶快要到期的饮料过来。"儿子便会不情不愿地勉强找出一瓶。儿子战利品的排列方式大多是同品牌放在一起，我没有注意到他是否依照到期时间排列，可是他对于饮料的保存期限了如指掌，总是能很快地找出即将到期的饮料。

又过了一段时间，先生发现饮料越来越多，情绪也开始焦躁，他会大声要求儿子赶快把饮料喝掉，不要再买了。儿子总回答"知道"。但似乎没有行动。有一天晚上，我在卧室里听到好几次巨大声响，出来客厅一看，原来先生很生气地把饮料丢在地上，儿子则默默把饮料一包一包捡起来，再整齐地摆回吧台。

先生不止一次试图丢儿子的饮料，有一次边丢边骂道："买这么多饮料要做什么？不是叫你不要再买了？就是不听话，还一直再买。我要把饮料拿出去送人家。"儿子在一旁只是机械式地重复："要听话，要听话。"

隔了几天，先生从楼下推了两台推车上来，他叫儿子把快到期的饮料拿出来放在推车上，儿子的眼睛飘向我，我没说话。儿子便乖乖地将饮料放在推车上，才放了几瓶就停止动作，先生说："继续放，要不然快要到期了。"儿子又放了三四瓶，动作又停了下来，经先生多次催促，才将两台推车摆满。摆满饮料之后，先生要儿子跟他一起推车到楼下，把饮料放上车。先生推车上的饮料送去请客户喝，还有几次婆家请客，先生也把饮料载回家。儿子看着心爱的饮料一瓶一瓶被拿出去，买大瓶饮料的数量确实大为减少了，但只要一回到我娘家，他知道不用花钱，还是会再从我娘家杂货店拿出几瓶饮料带回家。而在疼他的外婆过世后，我带他回娘家的频率减少了，儿子少了直接获得饮料的来源，收集饮料的行为也有明显改善。

固着行为问题

几乎所有自闭症者或多或少都会显现此行为特质，尤其是青少年或接近成年时更为明显。固着行为亦是自闭症在行为表现中最直接且显而易见的特征，但此行为内容和形式亦因人而异。根据学者专家王大延的分类，固着行为或强迫行为可分为感官的固着行为（如反复听同一首歌曲、目不转睛看壁纸的颜色或室内的电灯、不断地旋转碗盘等），动作的固着行为（如反复检查某些事物、不断看手表、坚持走固定路线等），学业的固着行为（如不断询问他人相同的问题、搜集时刻表、天气预报数据或动物图片等），以及恋物的固着行为（对某些特殊物品如石头、小玩具或某些颜色的衣物有高度兴趣等）。

儿子在感官方面的固着行为特别喜欢丝袜，可能是跟触觉有关；动作的固着行为有不断问时间、玩计算器；恋物固着行为则表现于每天将广告单满满地塞在塑料袋中，收集保特瓶、透明胶带、丝袜和凉鞋，以及对衣物颜色的执着。儿子之前喜欢紫色衣服，这半年来则喜欢桃红色，而且只穿 T 恤，冬天不穿毛衣和外套等。

儿子喜欢将大瓶饮料堆在吧台，我想除了对于物品的固着行为以外，也与他对数字的高度敏锐有关。他目前已搜集了七万多个一元铜板，会不断拿旧的铜板去兑换新的，别人问他为什么喜欢一元铜板，他会回答"亮亮的"，他同时搜集了两大袋番茄酱、数百张高铁票根、火锅店广告单，也特别注意车牌号码、棒球转播中显示的投手球速等。但即使都是自闭症孩子，每位孩子喜欢搜集的东西仍有不同，我所接触到的案例中，有些孩子喜欢搜集吸管、石头、汽车玩具模型，也有孩子对塑料袋、贴图或公仔较为执着。大多数的自闭症孩子对于物品的依附行为非常执着，每天都要带心爱的物品出门，才较有安全感。

角色认同问题

穿裙子出门，邻居关心儿子的性取向

儿子在中学时期，常会利用先生去大陆时拿我的长裙去穿，有时候穿上一件，还会脱下来再换另一件。他有时候只穿一下子就脱下来，偶尔会穿着睡觉。女儿对这种情况很好奇，她认为弟弟或许在性别认同上偏向女性，并问我如果弟弟长大以后，喜欢上男生，我是否能接受？我回答不知道，这种假设性的问题实在很难回答。

住家附近有一家贩卖葱仔饼和牛肉面的商店，儿子常会去兑换零钱，有时拿一些十元换成十张一元，有时又会将大金额铜板换成小金额。有一天老板娘看到我经过店门口，便轻声对我说："我刚刚看到你儿子穿着裙子走过去，你要多留意你儿子的性取向喔！"

带着儿子到马路上看行人

我谢过邻居，将这件事情放在心上，心里思索着如何与儿子沟通。我回到家后，儿子还没回家，等儿子开门进来，我把儿子叫到身边。看见他穿着我的裙子，我并没有对他生气，而是指着裙子，问他说："小捷，这是什么？"他回说："裙子。"

我先请他把裙子换下来，带他下楼，一路上看到许多来来往往的人们，我在他的耳边轻声问他："你看，这些男生都穿什么？"他回答："裤子。"我又问："他们有没有穿裙子？"他再回答："没有。"我再接着问他，我说："敦捷是男生还是女生？"他回答"男生"。我问："那么男生要穿什么？"他说"要穿裤子"。我问他："男生可以穿裙子吗？"他说"不可以"。

我们回到家，他还是换上刚刚穿的那一件长裙，我再度问他，男生可以穿裙子吗？他虽然嘴上回答不可以，却不愿意将裙子脱下来，我看他如此执着，便与他约法三章，要求他只在家穿裙子，出门在外不可以穿裙子。他回答"好"。就这样，儿子穿裙子外出就此落幕。

我行我素，继续穿裙子

事隔多年，有一次先生在大陆，儿子也不在家，我到儿子房间的衣柜找我的衣服。我一打开衣柜就发现有些衣服移了位置，又看到一件长裙放在他的置物柜上。

儿子一进家门看到我，马上用手捂住耳朵。我看到他穿着我的长裙，还来不及说话，就迅速闪进房间，立即锁上房门，出来时已经换上他的裤子。我对他说："敦捷，你为什么今天又穿妈妈的裙子出去？你如果想穿的话，可以在家穿，不可以穿出去喔!"儿子依然只是重复："不可以、不可以。"

这件事情发生后过了好几个星期，我们在楼下碰到一位邻居，她说："我有一次看到你儿子穿裙子，我问他为什么穿裙子？他说这样比较凉。"

儿子房间的衣柜放了许多我的衣服，他出门时会将长裙塞在他的背包里，出门才换上。我当时并不知情，知道后便会在出门前先检查他的背包，但儿子还是会想出其他方式来应付。有时看着他很快闪进房间里，锁起房门，趁我不注意时出去，等我注意看他时，才发现他已经穿上长裙，我开口叫他，他不理我，很快又换回他的裤子出来了。

我常思考儿子穿长裙是否在模仿我或女儿，女儿也要我观察儿子的性取向，但我决定尊重儿子，只是儿子常独自出门，为了不惊扰路人，便和儿子约定不穿长裙出门，在他的房间穿则没有关系。因此听到邻居告诉我儿子回答她说"穿裙子比较凉快"，我仿佛豁然开朗。这个答案似乎相当符合儿子不爱拘束的特质，我们先前以性取向、性别认同等框架来检视儿子，实在是自寻烦恼，但我却从来没听过他亲口告诉我这个答案。

妈妈密技

自闭症孩子没有人际分界概念，对社会规范自然也难以遵从。发现孩子表现出与社会规范不符合的行为时，不必急着生气、羞耻或用刻板观念矫正，试着从跳脱传统观念的角度切入，有时候反而会带给我们意想不到的答案。

角色认同问题

虽然近十年来有关性别认同障碍的研究增加，但对于自闭症孩子性别认同发展有关的议题仍非常有限，最初的研究应是阿伯尔森在 1981 年评估自闭症孩子性别认同发展的论文，他的研究发现自闭症的性别认同发展与其心理年龄、生理年龄、沟通能力、自理能力以及学业等方面的能力显著相关；而其他研究报告指出，有两位高功能自闭症男孩对于女性刻板活动与物品有明显的兴趣：他们喜欢穿女孩的衣服、玩洋娃娃以及模仿女性卡通角色，研究者假设此情况与男孩的社会环境相关，研究追踪大约四年，他们仍呈现性别角色的问题。

邻居担心儿子的性取向，我便试着问儿子为什么会穿妈妈的长裙，由于儿子的沟通有显著困难，我在纸上写了几个选项给他：好看、学妈妈、喜欢。他把"喜欢"圈出来，我又问他为什么喜欢，再给他几个选项：颜色、好看、样式，他把"好看"圈起来。

经过沟通、通过理论探讨与访谈他人后，我认为儿子穿着长裙不是性别角色的问题，而是属于无法分辨、无法遵守社会规范行为。但由于自闭症者的固着行为，虽然持续与他沟通，他仍是我行我素，而通常此行为发生在先生不在家的时候，显然他仍能分清楚不同的情境。儿子穿长裙虽会引起外人的异样眼光，但毕竟不会对他人造成实质干扰或影响，因此我并不强硬阻止，而是采用劝导的方式，希望他能理解一般的社会规范行为。

妈妈密技

当孩子口语能力表达不佳时，可由妈妈通过"选择题"的方式，让孩子通过传达得到感受。

纠纷处理

儿子去超市顺手牵羊，被报警处理

某个台风夜，我们全家都在家中，我在沙发上突然听到门碰了一声，起身一看，儿子已经出门。我不知道儿子会去哪里，又想先生在家，他应该不会走远。大约过了一小时左右，我听到电话声响，电话那头的声音说："请问你家是不是有一位叫张敦捷的？"我回答："他是我儿子。请问他在哪里？"他说："我这边是家乐福，你儿子拿了饮料就放在背包里面没有付钱，请你赶快过来处理。"

我赶到超市，服务员带我到办公室，我看到儿子坐在里面，手上还玩着计算器，他的神情看起来若无其事，似乎根本不知道自己犯了什么错。那位店员说："你儿子拿了饮料不付钱，依照我们超市的规定，要赔偿售价的十倍金额。"我急忙向他解释："对不起，他有自闭症，他不是故意的。"那位店员说："这是我们公

150

司的规定，你如果不想赔偿的话，那么我就报警处理了。"

虽然担忧儿子留下记录，但我觉得店员的口气不好，便请他找经理过来处理，这位店员说："你是在恐吓我吗？我就可以处理了，不用找我们经理过来。"旁边有另一位女性主管，她说："张妈妈，对不起，我能体谅你照顾这样的孩子很辛苦，这位店员太年轻，他讲话有得罪你的地方，请你原谅。"

由于店员坚持报警，我也没有意见，警察赶来之后，了解到儿子有自闭症，便建议我们私下处理，又劝导店员不要将事情闹大，之后我照着店内开出的单据付钱赔给店内女主管，感谢她的体谅和包容后，就带着儿子回家了。

儿子顺手牵羊的事件不是第一次，他在小学二年级时，某天傍晚我在煮饭时接到楼下超市打来的电话，他们说儿子拿了棒冰，还没付钱，就打开来吃，要我下去付钱；附近的书店也曾打电话过来，说儿子偷拿计算器就要走人，他们叫他付钱，他也不理。在儿子小学三四年级时，住家附近的便利店也曾向校方反映；到了高中时，自由联盟超市也打电话过来，说儿子将饮料放进背包里就要闪人，他们追出问了我家电话号码才联络我去处理；爱买超市也打过电话给我，我一到办公室，警察已在场等候，他们很客气地请我将儿子拿的饮料拿去柜台付钱即可，他们不会追究。遇到儿子发生这种事，我总会频频解释他有自闭症，他不是有心偷窃，如果真的打算要偷，他也不会告诉他们家里的电话。

儿子很喜欢喝饮料，他也常常到各地的便利店或超市买饮料。他大多时候会付钱购买，但有时候明明身上有钱，却会拿了饮料就跑，直到店员追出来，儿子才会写出家里电话。从小学到就读高二时发生的家乐福事件，在儿子的成长过程中这种事发生过几次。我平常带他买东西时便坚持一直灌输他"买东西一定要付钱，不能拿了就走"的观念，他也逐渐懂得"买东西要付钱"这个规则，拿了东西就走人的情况也减少了。

新邻居投诉，儿子被送到警局

儿子高职毕业一两个星期之后，某天晚上八点多，家里的对讲机忽然响起。我跟先生接起来，听见楼下的警卫说："陈老师，你赶快下来，有人要打你儿子，被我挡了下来。"

我赶紧下楼了解状况，一到警卫室就看到有三位男性和一位女性坐在那边，他们的脸红通通的，看起来似乎有点醉意。警卫告诉我，儿子要伸手碰触那位女性，她的先生便想追打儿子，警卫告诉他们儿子是自闭症者，他们说警卫在帮儿子找借口，于是警卫请他们找家长亲自谈谈，才叫我下来处理。

我走过去问他们："请问我儿子怎么了？"其中一位男士知道我是家长，便站起身来对我说："我们才刚搬来一个星期左右，你儿子看到我老婆，就伸出手想要碰她，这种情形已经有两三次了，

152

今天更离谱，他刚跟我们搭同一台电梯，又伸出手想要碰我老婆的胸部，出电梯之后，我做出动作想要打他，他才赶快走开。"接着他太太说："大楼警卫也很奇怪，我看他明明就是故意的，警卫还替他说话，说他患有自闭症，只是想跟我打招呼而已，除了警卫以外，还有其他邻居也替他说话。"

我只能尽力解释儿子确实是自闭症患者，他的行为并非恶意。那位太太说："怎么可能？他看起来就很正常，一定是装出来的。"另一位先生也开口说："你儿子是危险分子，怎么可以住在这边呢？"他又接着说："不用跟她说那么多了，我们已经报警了，看警察来要怎么处理。"

我听到他报警，便上楼请先生下来一起处理。先生下楼就先对他们道歉，然后说："我儿子真的是自闭症患者，他领有残障手册。"那位太太说："领手册也可以是骗人的。"先生说："你不要看他外表像大人，他的心智大概只有几岁而已，我太太很辛苦，为了他去学特殊教育，现在也在当特教老师。"

那位太太说："怎么可能？我看他就是故意的，他之前想碰我的手，这一次还知道要碰我的胸部，要不是我先生凶他，他说不定就真的碰了。"

先生继续解释："我儿子很胆小，我以前骂过他，他一看到我就躲得远远的，如果你做出要打他的动作，他根本不敢对你怎么样。"那位先生说："你的意思说我可以打他啰！"先生说："我不是这个意思，身心障碍的孩子真的很可怜，他常不知道自己做了什么。"另一位先生说："不要跟他们说那么多了，反正等警察来处理，我看我们最好也去法院告他。"我也跟先生轻声说："没关系，等警察来再处理。"

我们两方不再对话，警察来到现场后，对我说："很抱歉，既然有人报案，我们就要处理。你们跟我到派出所一趟作笔录，你儿子是自闭症患者，警局有笔录反而对你们较有利。"说完，警察转向他们，建议大家一起到派出所再说。

一同到了管区的派出所，派出所内一位女警询问那位太太当时状况，我听到那位太太描述当时发生的情形，她向女警说："他伸出手想碰我的胸部。"

女警问："你确定他要碰你胸部吗？有没有碰到？你能不能提供监视器的录像带呢？"那位太太说："他没有碰到胸部，我也不确定他是不是要碰我的胸部。"他先生说："我们这次就不追究了，如果再有下一次，我们就要告到法院。"他们一行人先行离开，我对女警说："她刚刚在大楼时，斩钉截铁地说我儿子要摸她胸部，怎么到了派出所，她的说法就不一样了。"

警察告诉我们，派出所接到民众报案一定会处理，因为儿子状况特殊，到派出所处理反而不会对儿子不利。我们谢过警察后，便带着儿子回家了。

敦捷不喜欢别人碰触，但是他会想去碰触人，这是自闭症患者不适当的社交模式，也是自闭症患者同时具有触觉防卫行为，对人际分界认知困难的倾向导致。我平常会教导他，"身体"是个人隐私，不可随意动手碰触，要用打招呼的方式代替触碰。但是自闭症患者的行为模式并非短短几次就能改变，虽然敦捷每天出门时，我一定会列出注意事项反复叮咛，他也会回答"知道"，但有时难免会出状况。

当敦捷在外面表现出不恰当行为，我总先向对方致歉，坦白告知敦捷是自闭症患者，再列举自闭症患者的一些特质希望获得谅解。地铁乌龙事件后，一些朋友常关心这件事会不会影响敦捷的作息，但敦捷似乎完全不在意，照样天天背着背包自由行，我也逐渐感受到媒体的正面影响，渐渐地铁上更多人认识儿子，也更能包容他的一些行为了。

几年前，参加一次自闭症家长协进会举办的活动，有一位爸爸说："蔡琴的歌是'读你千遍也不厌倦'，而我们的孩子是'教你万遍也不厌倦'。"除了不断教导和叮咛，敦捷实际表现出的些微进步征兆，也不断让我安心之余，学着更有耐心，一天一天不厌其烦地引导着，静静等候星星上的孩子离地球更近一些。

缺乏物权问题

许多自闭症患者都有缺乏物权概念的问题，主要的状况是人我分际不清。有的自闭症孩子喝完自己的饮料，还想要喝，便直接拿走别人的饮料；有的自闭症孩子也会将教室的物品顺手带回家。

儿子从小就缺乏物权概念，他在小学阶段时，我会把他在学校用的私人物品贴上他的名字标签，反复教导他：看到贴有自己名字标签的物品才可以使用。但是儿子逐渐长大，较常独自出门时，这种情形便很难类化到外面的情境。

于是我又制作了一张社会故事检核表，上面写明他每天可以买几样物品，并将物品名称填在检核表上，这就是属于他的物品，未写在表格上的物品则不可随意拿取。但儿子一旦离开我的视线，偶尔还是会犯拿取别人物品的不适当行为。对于自闭症患者来说，教导他们确实需要策略和时间，很难在短时间内看到成效。但并不是所有自闭症患者皆缺乏物权概念，也有自闭症患者不会随意拿别人的物品。

第六课

永不放弃希望

他们或许不会表达情感，但不代表他们没有“感受”……我曾问过敦捷：如果他自己能做选择，他想要当正常人或是自闭症患者？ 他很快回道“正常人”，让我听了不禁心疼。

母职的教养方式

不知如何教养，也是逃避心态

回想当初儿子刚被确诊为自闭症的时候，我会选择把儿子托付给别人，除了当时我把心思全部放在工作上之外，坦白说，也因为自己不知道如何教育他。后来省思检视自己的内心，不可否认自己作为母亲，仍对儿子的特殊情况抱着许多逃避的心态，因为不好照顾，害怕失败，只想多花点钱交给有经验的人代为照顾。当时并不觉得愧疚，一心认为只要有人能照顾儿子就好。

事隔快十年，我成了特教老师。在班上遇过一位染色体异常的孩子，出身单亲家庭，她之前与外婆、妈妈住在学校附近。2008年年底，她外婆搬回花莲，她与妈妈则搬到木栅附近，她妈妈曾经参观文山特殊学校，认为那边的孩子障碍程度太重，担心换一个新的环境，女儿会产生适应问题。同时她向我们表示，孩子待在我们班上，受到老师的细心照料和教育，她很放心，因此决定不帮她转学。她妈妈当时是约聘人员，她把女儿托付给学校附近的一位朋友二十四小时照料，星期日早上将女儿带回家短短一聚，晚上再将她送回这位阿姨家里。我清楚这位妈妈无法兼顾工作和照顾孩子，的确有她的为难之处，但每次与她交谈时，一谈到孩子的问题，她妈妈总是千篇一律回答："老师，我很忙，我真的很忙，我也没办法。"

听她如此回答，我仿佛当头雷击，不禁想起从前的自己。这位妈妈一味想把女儿往外推，不太愿意负起责任，就连学校要做尿液和粪便检体检查，她也不愿在家里帮女儿做，只把事情丢给学校教师；然而，如果只靠教师与助理员在学校教育，家长在家里不帮孩子一把，孩子每天所需的教养和关怀也只有一半，会陷入负面循环。

不可讳言地，当了特教老师之后，我常常在许多家长身上看到过去的自己。要照顾一个身心障碍的孩子确实得花费极大心力，许多家长仍抱持着"将孩子带到学校就是老师的责任"的心态，对于老师建议的事项常常难以配合，或者干脆将孩子全天候托给别人照顾，当初的我不也是这样吗？

认识到这点后，我也开始从家长的心态观察他们对孩子的态度。有时遇到家长把自己该做的事情丢给学校老师，明知学校与家长的职责须区分清楚却依旧不负责任。但我难免又想，过去自己也只懂得把孩子往外送，我因为儿子是自闭症患者，才立志要成为特教老师，既然走上了这条路，也有帮助这些孩子和家人的使命感，于是面对曾经和儿子一样、被妈妈推出去请人代管的特殊孩子们，总不免再帮助更多一点、再付出更多一点。

母职的角色

我们知道母亲是孩子的生活照顾者与主要联系者，也必须参与学校讨论，和教师一同拟定适合孩子的课程计划，因此也是课程计划的启蒙者。孩子参与治疗复健或就诊时，母亲应与专业人士、医师积极合作，同时孩子在适应困难时，作为母亲也能担当其社会化行为与适应行为的协调者，当孩子与外界沟通困难，母亲亦须负起代言人的角色。但我相信，母亲最重要的职责仍是当个"教育者"，教育社会大众进一步了解这些特殊孩子，因为我们是最了解自己孩子的人。

家长需要再教育

我受洗成为基督徒之后，常带着儿子到教会活动。有一回儿子在教会中，趁我不注意时，跑去触摸一名大约小学年纪的女孩。我大惊之下，连忙跑去和小女孩解释，但受到惊吓的小女孩却大哭出声，让我既歉疚又手足无措。

事后，一位教友语重心长地告诉我："淑芬，你知道刚刚小妹妹哭的原因吗?"我摇头，只知道是敦捷突然碰了她，让她害怕得哭出来。然而那位姐妹却说："敦捷碰到她，只是让她不知所措，但是你后来对她说的话，才是她哭的原因。"

我一愣，仔细回想那时对小女孩拼命解释时，我告诉她："别害怕，这个哥哥很厉害，哥哥会开根号喔!"当时我顾着要为儿子辩护，要告诉旁人他不怪，他有很厉害的优点，却忽略"开根号"这种术语对小学女孩来说简直是外星语言，却对她遭受到的困惑和惊讶没有帮助。

那次事件之后，每当遇到敦捷惊吓到旁人，我都会先详细解释他是自闭症患者，容易产生哪些行为，并诚恳地道歉，通常都能获得对方的理解。我也开始反省即使自己当了特教老师，或许在面对特殊孩子上有了一些心得，但在处理不同情况的沟通和纠纷上，作为家长，我可能永远不够成熟。

特教班教师的工作相当繁琐，除了设计课程、计划教学以外，有些学生无法自理自己的生活，也必须由教师或教师助理员协助进食、如厕、洗手或刷牙等。若身障学生无法自己行动，教师也必须协助学生做复健，所以我常说，特教班教师的工作身兼教师、保姆和看护于一身。

有一位患自闭症孩子的妈妈常常将早餐带到学校，有时急着赶去上班，匆忙留下孩子，孩子吃得满桌满地，老师还得整理。这位妈妈在协会上班，他们服务的对象也是身心障碍者，放寒假的前一天，她向教师助理员说："老师，要放假了，这下可就苦了我了。"

有一次运动会，她陪同孩子一同参与，到了学校之后，孩子要到厕所，她和我在厕所陪孩子，当孩子上完厕所后，我帮孩子擦屁股，这位妈妈却站在一旁观看，我没有开口要求家长，但心中却充满凉意。

由于这个孩子非常多动，在教室坐不住，动作又非常迅速，开学没几天就跑出教室三四次，甚至还有一次跑出校外。我们非常担心他的安全，便将教室前后门的门闩拴住，这个举动也引起家长的不满，但当我询问孩子在家是否也有多动行为，家长是如何处理时，她却回答："孩子在家时通常坐在固定椅上看卡通。"

我自己身兼母亲和特教老师两重身份，认为教师与家长的角色毕竟不同，家长还是得尽家长该尽的责任，不能把自己应尽的责任推给学校。遇到这些案例时，一面为这些孩子感到心疼，一面也不免一再反省，自己以前作为母亲，的确不够尽责。

如同案例中这位家长，自己可以用固定椅固定孩子以限制他的行动，却要求老师不能在教室加上门栓，也是因为无法调适自己的心态，认为这样的孩子给自己带来麻烦，却又逃避教养责任，不愿意面对事实。我想，家有特殊孩子时，不只是孩子需要接受教育，家长本身也需要再教育，必须一再调整自己的心态，才能保护自己的孩子。文中遇到的家长如此，而我自己也不能例外。

了解并满足孩子的需求

敦捷就读中学的时候，有一次我和他到淡水玩，母子两人走在黄昏的淡水老街上，我看着四周结伴出游的初、高中生，不禁感慨儿子总是独来独往，如果他是一般孩子，长到这个年纪，应该已经不愿意和妈妈单独出门了吧！突然一阵心疼，我一时兴起，便询问儿子："敦捷，你最好的朋友是谁?"没想到他马上不加思索地回答："张敦捷。"我又问他，还有谁呢? 他这次回答："妈妈。"

儿子在家族中没有年龄相仿的堂表兄弟姐妹，也和亲姐姐有着一段年龄差距，因此儿子在被确诊自闭症后，一向没有亲近的玩伴，就连逢年过节的家族聚会，或是到教会活动时，会开口和儿子搭话的对象，也通常是大姑丈等长辈。我想也对，他自己和我，就是陪伴他生活、最了解他的人；对他来说，自己和妈妈就是最好的朋友。

在教养儿子的过程中，我习惯放慢步调观察他的行为，由于儿子口语表达困难，我很难从口语互动去了解他的想法，但会尽量通过儿子表达的关键词来了解、尊重他的想法，并学习不以自己的意见全盘替儿子决定一切，而是适度地满足孩子的需求。

在满足孩子的需求前，要先了解孩子的需求，而不是一味坚持自己的看法和想法。例如在生活方面，知道孩子喜欢吃什么，喜欢穿什么颜色的衣服。因为儿子喜欢搭乘交通工具，我就尽量陪儿子出门，一起搭乘大众交通工具，慢慢地将旅行的距离拉远，从台北市、新北市一路到南部，他会自己选择要去的地方和想搭乘的交通工具。在教育历程方面，我也意识到自己必须先了解孩子的特质，不要怕难为情，而是主动和导师与班上同学沟通以寻求协助，这样才能获得他人的帮助与理解。此外，就算知道儿子的沟通和人际互动能力无法适应大学环境，只要他提出想考大学，我仍然试图满足他的意愿带他去考试，虽然最后以休学收场，但至少他尝试过上大学，也满足了他当初的要求。

许多特殊孩子的妈妈没有从孩子小时候就慢慢训练其独立，大多帮孩子全盘决定一切。但我总会告诉这些家长：我们的孩子或许智力有问题，或许有一些特殊行为，但仍是独一无二的个体，有自己的需求和想法。大多数家长会时时刻刻将特殊孩子带在身边监管着，不但孩子无法独立，自己也被压得喘不过气来。当然训练孩子独立需要一些条件，至少必须学会使用钱币、正确搭乘交通工具，这些都是从小就得长期且密集训练的。

我们有时会说孩子是家长的老师，这种说法一点也没错。孩子在教导下会慢慢进步、成长，家长也需要跟着成长，这是一段长时间的学习历程和考验，当我们越早坦然面对孩子的问题，越能寻求资源去协助孩子；此外，越早训练孩子独立，父母越能及早拥有自己的个人空间和生活品质。

训练孩子独立，最好从小开始做起。如父母接送孩子上下学，可试着渐渐拉长孩子自己行走的距离，一开始送到班级门口，一段时间后送到楼梯口，表现不错的话再改送到校门口……或者陪同孩子搭乘交通工具，几次后换孩子负责带路等，可训练孩子判断熟悉路径的能力。

孩子长大成人阶段的教养方式

孩子长大了，家长教养的方式也应有所不同。儿子在自闭症工坊待了一段时间，当他想要读大学，妈妈就开始上网搜集信息、带他去考大学，考上之后跟系主任、导师说明，并到校演讲以让学生了解自闭症症状；虽然由于适应不良，以休学收场，而儿子既然无法找到适合的工作，与其让他整天待在工坊，时常忍不住偷跑出去，造成工坊人员的困扰，不如让他学着规划自己的生活。于是，我们尊重他的选择，让儿子成了一个"背包客"，天天在台湾各地自由行。

儿子的作息表固定下来后，我会在他出门前先约定回家时间，并每天提供固定的零用钱。虽然偶尔会接到派出所警察电话，担心他独自出远门是否会走失，然而对我而言，这也是和警察沟通，让他们认识自闭症者的机会，想来想去，这是目前最适合儿子的生活模式。

对于身心障碍者的家长而言，最担忧的倒不是孩子的教育、工作或是生活问题，身为父母，最担心的就是当自己未来不在时，孩子该如何终老？记得大约十年前，我遇到一位唐氏症学生的爸爸，他曾说："以后我和我老婆走的时候，也会带着孩子一起走。"当然我们知道父母没有这个权利，但是这话听了多么令人鼻酸啊！有些家长会希望孩子的手足帮忙照顾其终老，但即使亲如手足，未来也会有自己的家庭，一味将手足的全部人生托付在他们身上，也是不公平的。

我先生曾说："敦捷生在我们这个家庭是很幸福的。"先生的做法是为他早早规划好未来生活，当我们都离开这个世界之后，儿子可通过信托局办理身心障碍者的财产信托，使他经济无虞。爸爸给他鱼吃，我则希望给他钓鱼竿，我规划明后年带着儿子到美国做学术论文发表，希望能让更多国际学者认识他的优异数学能力，以找到适合的环境让他发挥。我记得我曾与先生谈过："爱迪生和爱因斯坦如果生在台湾的话，他们就不是天才了。"我先生说这想法简直是天方夜谭，才只有千万分之一的概率而已，而我则回应："只要不是零，我都拼了。"

台湾目前照护自闭症患者的一些财团法人机构，如自闭症总会，服务项目包含请有关部门颁订具体法令条文、提供咨询服务、办理相关机构交流联系与合作事宜、办理自闭症患者之训练活动课程及服务事项、配合相关法令、整合各项资源，使自闭症患者能获得妥善的服务；自闭症基金会则有亲职教育、专业研习、校园宣导以及疗育课程等。虽然各县市都有自闭症家长协会，但所提供的服务都仅在孩子的教育和工作方面，至于孩子的终老问题，台湾的社会福利不尽完善，教养机构也明显不足，许多家长自己为了孩子的未来，自行打造友善养护机构，如位于花莲泰丰乡的肯纳园，是由四位星儿的妈妈共同携手创办，针对肯纳儿设计的永久花园；肯纳基金会目前正在筹备的"双老家园"则希望买地或租地建造房子，让自闭症患者家庭购买，当孩子的父母亲离去时，也能由其他父母亲代为照顾。

　　家有自闭症孩子，是父母心中永远的牵挂，但是许多父母勇敢地面对，并积极筹划孩子的未来生活。我深信没有生来就失败的人，虽承担了这些悲痛，但一群家长互相支持、互相鼓励，比起自己和孩子惶惶然孤军奋战，还是要容易看到希望。

家长心态的改变与调适

自闭症孩子的家长调适生活压力的元素相当多元，但照顾孩子是终身的职责与义务，父母的压力会在不同时间与情境无预警浮现，因此需要他人的情绪和情感支持，社会的支持以及心灵的寄托都是相当重要的。

复杂的心态：从逃避、否认、自责到面对

每个孩子诞生时，父母都在心中为孩子勾勒一幅理想的图像，但当孩子的发展不如预期，甚至被诊断为自闭症时，有些家长对此症状一无所知，不知如何教导；有时面对家庭的压力，孩子的诊断、治疗、行为问题接踵而来，每个阶段都是煎熬和考验，不仅要疲于应对，而且必须时常面对外人质疑的眼光，这些压力都会造成许多负面的影响。

当我知道儿子是自闭症患者后，起初不愿相信，一再逃避事实，但经过几家医院的诊断确认后，我已很难再逃避下去。我开始一连串的自责：是不是在怀孕时不小心服用药物、是不是怀孕时情绪忧郁导致胎儿受到影响、是不是儿子出生时脐带绕颈致使脑部缺氧、是不是儿子幼时误食高血压药……想了好多好多的原因，后来我终于想通了，告诉自己，就算知道原因又如何，这终究已是无法改变的事实了。除了到处就诊，当时我也曾四处求神问卜，终究得不到答案，只好请教专家，多了解自闭症的有关知识，学习养育自己的孩子。

从否认、自责、了解到接受的过程不是一件容易的事情，也不是如电玩游戏般的直线路径，过了这一关，烦恼就能自动消失，继续打通下一关。在低潮期时，我仍然会再度回到最初自责的心理状况，各种苦恼反反复复，难以摆脱。在这种时刻，我总时时警惕自己：孩子有自闭症不是他的错，也不是我的错；既然他是我儿子，我就要全心全意爱他，爱他的全部，当然也包括他的缺陷。

一路走来，自己也逐渐体悟到，当选择"面对"的态度时，才可能从苦痛中走出来，将悲观消极转变成乐观积极，不只从儿子的身上得到领悟，更能在其他生活事件中以同样的态度去面对困境，去接受挑战，突破并且超越。

我们常听人说："生命的长度很重要，但生命的宽度与深度更重要。"生命就是顺境与困境不断交错重叠；人生有高峰与低谷，我们应在面对困境时，学习人生的功课，并在低谷里力争上游往上爬。我们的人生遇到困境，如同空中笼罩着乌云，又黑又暗，感觉压力沉重，但是云的另一面依旧是光明灿烂。我曾伤心流泪、痛苦难熬，然而生命熬炼过后，能力和信心才能得到扩张，如同度过黑夜，才能看到黎明，风吹过了，天才会放晴。

家人的支持

当儿子被确诊为自闭症后，有一段时间先生爱冷言冷语，说我很厉害，万分之四的概率也能被我碰上；而因为儿子童年时相当顽皮，婆婆对儿子的态度也较冷淡，这对我来说也如落井下石般难受。直到发现儿子的数学天赋，俨然点起先生的希望，也相对地改变了婆婆的态度。

先生是传统的大男人，也和许多传统大男人一样刀子口豆腐心。一开始我总因先生事不关己的嘲讽态度怨愤不平，当了特教老师之后，不仅试着以所学教育儿子，也开始通过分享学校所见案例、展示儿子的进步等方式来改变先生对儿子的看法。对先生而言，他一生所见的自闭症案例就只有儿子一个，当然认为儿子百般不好，平常也老是抱怨儿子心智只有三岁程度，会大声责骂儿子，让儿子很怕他。直到我问先生"如果一个三岁小孩能自己出门买东西、坐车出去玩，那不是比其他小孩还厉害吗？"先生才恍然大悟，开始转变心态，放弃世俗检验孩子成就的标准，以不同的角度来看儿子的长处。

由于先生一个月有一半的时间在大陆工作，因此我采用"报喜不报忧"的方式，尽量告诉先生儿子的进步，例如从前他要到晚上十一二点才回家，现在都能在晚餐时间到家，等等。而先生也从一开始坚持要我帮儿子找到安置场所，不能由他在外面逛的态度，到现在回家看到儿子，会主动叫他："来报告！"听儿子自己汇报今天搭了什么车、去了哪些地方。

先生对儿子的态度虽有明确改善，但从未特别对我表示过什么，直到一次偶然的机会中，先生当着我的面告诉他人："我太太非常辛苦，因为儿子有自闭症，她才去学习特殊教育，希望能多学些特教技能以教导儿子。"我听了觉得开心和欣慰，感受到先生其实能够体贴我的辛苦，只是通常不会挂在嘴上罢了。婆婆看先生对儿子的态度变了，也不再多说什么，反而是婆家的二姑曾频频要我再多生一个孩子，先生也会开始主动向亲戚宣布："不生了，我老婆这样太辛苦了，我们有两个孩子就够了。"

一直以来，娘家也是我最温暖的依靠。妈妈总是细心照顾儿子，弟媳与姐姐总是以乐观的态度鼓励焦虑疲惫的我。当我压力大到喘不过气来，她们也会听我诉说苦恼以纾解我的情绪。有了娘家作后盾、与丈夫及婆家的关系渐渐改善、女儿的贴心与包容、儿子又能一天比一天进步，对我来说就已经拥有足够面对未来的勇气了。

手足的无奈

家中拥有一位特殊孩子，父母大多会将焦点放在特殊孩子身上，确实在教养上花费的精力和时间，就已足够让父母身心俱疲，难免会疏忽了对其他孩子的照顾或关注，总会预设特殊孩子的手足能够懂事体贴，愿意为特殊孩子奉献一生。

然而，每个家庭的情形不同。敦捷和姐姐的情况几乎是两条靠近却不相交的并行线。女儿由公婆照顾到五岁，儿子由我母亲带到五岁，等儿子接回家时，姐姐已经十岁了，他们从小就缺乏互动的机会。身为父母，我们常要求姐姐应该多关心弟弟，但女儿非常有想法，虽不排斥弟弟，却认为应该把敦捷当作一般孩子来看待和教导。我时常觉得对女儿有所亏欠和冷落，有时候会找时间单独跟她聊天，她总说："没有关系，弟弟需要照顾。"

大多数的家长都会认为当父母老去，这位特殊孩子的未来应该交由手足照顾，而我没有特别交代女儿这一点。我的想法是，女儿有自己的人生，将来总会结婚生子，组织自己的家庭，即使亲如手足，也没有一个孩子应该无条件背负起兄弟姐妹的全部人生，这样的压力该是多么庞大啊！

女儿和弟弟之间并不亲密，女儿也不曾热络地照顾弟弟，先生和娘家姐姐在这点上对于女儿颇不谅解。然而，公视《谁来晚餐》节目邀请来宾至家里用餐，在录像中，来宾询问女儿："有个这样的弟弟，你会不会想赶快结婚，离开家里？"女儿回答不会，只是最近身边的朋友大多结婚了，难免会想到这件事，但也急不来。来宾又问："你知道自闭症会遗传吗？你会不会担心未来的对象不能接受？"女儿停了几秒之后说："如果是我自己的问题，有需要改的地方我可以改，但如果对方是嫌弃我弟弟而不愿意结婚，我也没办法。"这也道出女儿在感情上的无奈，我和来宾一致认为每个人都有属于自己的人生，不能将特殊孩子的未来强压在手足身上，以家庭压力强迫一方为另一方无条件牺牲，这样对孩子是不公平的。

　　家有特殊孩子，确实会遇到相当多课题。手足的关系和未来特殊孩子的终老生活也是身为父母有责任去详细规划和调解的。与其强迫其他孩子背负起特殊孩子的人生，我认为应给予特殊孩子的手足同样平等的爱与关怀，并且一同呼吁社会正面关注此问题，规划、照顾这些特殊孩子的老年生活。

家有自闭儿：给家长的建议

早发现早治疗

家长在教养孩子时，要注意孩子的发展状况，如果发现孩子的语言或动作发展比起一般孩子较为迟缓，应提高警觉，不要迷信于一般人所说"大只鸡慢啼"的无稽之谈，而应迅速带他（她）到医院评估，以及早发现、早治疗，以免耽误孩子发展的黄金时期。

转换心态及早面对

当孩子被诊断为自闭症时，那种复杂的心情确实难以忍受，从否认、自责、悲伤到沮丧，然而不管多么不愿接受现实的残酷，这也已成不争的事实，难过太久非但无济于事，且会误了孩子的发展。

父母终究是孩子最早的启蒙教师，唯有勇敢面对事实，早日接受并转换心态，才能带给孩子最好的照顾与关怀，同时，父母表现出来的心态和行为也会深深影响孩子未来的发展。

参与支持系统网络

社会支持对于自闭症患者的家庭相当重要。许多父母为自闭症孩子的主要照顾者，当孩子成年时，父母也同时步入中老年，却仍担任照顾者的角色，因此社会支持长期以来被视为影响父母压力及心理健康的重要因素；亦有些学者预期，父母参与社会支持团体，遇到困难时较能适应，且身心较为健康。

抚养一个患有自闭症的孩子，对家长的身心皆是重大的负担，自身周遭的生活琐事亦会影响家长的情绪，这些长期的压力若不能适当纾解，甚至会造成许多特殊孩子的家长婚姻出现问题，或是出现精神疾病，如此的负面循环对教养孩子无疑是雪上加霜。因此，建议家长参与支持系统网络，彼此分享教养孩子的经验，从他人口中知道其辛苦和煎熬，了解到自己不孤单，这样可以获得情绪支持。

对特殊机构或家长协会的建议

多举办座谈会分享经验

家长协会大多邀请专家学者演讲，分享如何教育患自闭症的孩子，但毕竟许多学者没有亲身经验，很难真正体会当事人的心理感受。建议各区家长协会定期举办一些座谈会，让家有自闭症孩子的父母同聚一堂，彼此分享各自教养经验、实际遇到的困境，如引起担忧或教导成功的生活事件等，以提供家长彼此的情绪与实质的支持。

有关部门能提供一些社会福利政策

自闭症家长协会组成人员都是家中有自闭症孩子的家长，他们最能了解孩子的需求，如就学、就业、就医和未来终老的养护机构等，应与有关单位，如教育部门、内政部门讨论，以期能照顾这些弱势群体的未来生活。

教导社会人士认识自闭症

当孩子被诊断为自闭症时，我只听过"自闭症"一词，却无法了解自闭症的症状与特质。从无知与彷徨的心态到转向积极正向的想法，我深深感受到，除了要通过书写为他发声以外，更要向社会人士多方介绍自闭症的行为及特质。

我带儿子外出时，一有机会，就会向周遭的人解释什么是自闭症。许多人以为"自闭症"是出于本人意愿问题，也就是望文生义的"从心里自我封闭"，听了我的解释，他们才知道自闭症是神经系统的问题，是生理因素而非心理因素。虽然社会大众大多无从了解自闭症的症状与特质，但我深信一步一步慢慢地做，总会让更多人对他们多一份认识，进而多一份包容与关怀。

儿子遇到地铁乌龙事件，我心里一开始认为这是件不光彩的事，打算低调度过。然而后来担心媒体误导群众，我选择直接站出来面对媒体，说清楚儿子的自闭症症状与特质。我未曾预料能够引起社会媒体的共鸣，但也因媒体继续延伸报道，让社会大众对于自闭症患者多些了解，与最初决定提笔写作的愿望不谋而合，也是我站出来向媒体说明前始料未及的。

对于特殊教育环境安置的省思

台湾在特殊教育中依据孩子特质，推展个别化教育计划，但以个人几十年来的经历，我认为个别化教育只是理想口号，无法真正提供落实的个别化教育；在儿子求学历程中，小学和中学阶段的特殊教育仅试图补救他的沟通弱势能力，未提供其真正欠缺的社交能力教学，更遑论儿子具备数学的优势能力，却未能接受妥善指导，这并非特教班师资的错误，而是整体教育政策资源的不足。

孩子的小学到高职阶段为十二年义务教育，但许多特殊孩子中，有些是可教育型，有些则属于养护型。后者无法自理生活，不会自己吃饭、盥洗，只听得懂少许指令，例如吃饭、喝水、坐下、站起来等；或是极重度多重障碍，包含肢体、智能等，甚至有些孩子得插管度日。养护型的孩子需求在定时复健，维持其身体机能不致恶化或退化；而可教育型的孩子则需要针对其欠缺之能力作个别化教育指导。然而若一概安排在特教班内，教师俨如看护和保姆，不仅劳心劳力，也剥夺了可教育型孩子的教育资源和时间。

台湾沿袭美国的特殊教育法的"零拒绝"表面制度，却未能提供适当完整的配套措施。美国实行的"零拒绝"教育，会配合治疗师与医护人员的长期进驻，但台湾的治疗复健资源有限，在学校中，每位学生一学期仅有约两小时的复健时间，需要靠家长在医疗机构或诊所长期去做，但有许多父母将重度障碍的孩子之复健责任全部丢给学校，甚至导致孩子的肌耐力等能力严重退化。

我以一位特教教师的角色，认为养护型的孩子应安置在机构，而机构应有完善的医疗与复健服务。若将这些养护型的孩子全部安置在特教班，又要求教师能将教学、复健和照顾孩子全部包揽于一身，显然影响了其他可教育型孩子的受教权。

永不放弃希望

　　自闭症患者与所有人一样，他们也希望被喜欢、被理解和被接纳。他们也想与人互动，却因其互动模式的不同，常引起人误解。他们或许不会表达情感，但不代表他们没有"感受"；他们也不是不想要工作，只是与他们的兴趣不合。

　　在他们未来的人生旅途中，仍充满着不被理解或误解的荆棘，他们的未来是一条坎坷的漫漫长路，唯独家人的关怀与陪伴，以及社会大众的理解与包容，才能陪伴他们度过。

　　"当上帝关上一扇门，同时也会为你打开另一扇窗。"敦捷的数字演算能力有目共睹，但是"自闭症"的沟通、人际互动与固着行为，仍阻碍了他的工作与学习状况。这种与生俱来的影响虽然是终生的，但不会是完全无法教育、无法改变的。在成长的过程中，常常解决了一个问题，接着又有新的问题出现，总是得让老师与家长疲于奔命地道歉、协调、沟通与教导。然而令人庆幸的是，我们总能看到他们的进步与成长，这些确实需要抱持着长久的耐心与盼望，但在那天到来之前，老师、家长、孩子与社会大众必须一起努力才能达成。

回忆过去的生活，坦然说，我从敦捷身上学到不少事情。自闭症孩子的一举一动，其实是在教我们怎么面对自己真实的感受。我们一般人都太在乎别人的想法与看法，很难自在随性地过自己的生活，然而儿子的招牌笑容看起来永远阳光灿烂，每每身心疲累时，他的笑容总带给我心理负担的减轻和释放。

根据我们一般人对自闭症患者的刻板印象与经验，有些人或许会用"白痴"来形容这些孩子，或许儿子智能只有三岁；但相对地，儿子却也时常带给我许多不同的想法。他让我发现了从多元智能来看一个人，不以世俗追求的学业成就作唯一评判，从中我看到了儿子的数学优势，以及他能独自出门，能选择食物、交通路线以及使用金钱等；由于他的被动沟通，使用口语不多，却是标准的行动派，每每使我放慢脚步，从旁观察他的表现行为，常能意外地带来许多生活的惊奇。

家中有特殊孩子，一路走来虽然曾经否认、自责、悲伤、沮丧并对孩子的未来忧心与失望，但转换心态之后，学习勇敢、乐观与正向面对，也欣慰地看到孩子的生活能力确实在进步。其自闭症症状虽然永远不会消失，但从和孩子一起学习成长的过程，他也让我学到父母应该对孩子付出无条件的爱，既然爱他的全部，当然连所谓的缺陷也一起爱。虽然儿子的一些问题行为仍会反复出现，过去我也曾为了处理这些问题，让自己疲于奔命、力不从心；现在看来，问题仍是问题，但心态上一旦改变，带来的也是全然不同的感受。从表面看来，虽然既"辛苦"也"心苦"，我们要思考的是孩子带给我们对生命的体悟、成长与改变，更重要的是，通过孩子，我们能更深切体会生命的意义与价值。

回想 2001 年就读特教师资班，老师要我们帮学生拟定个别化教育计划前，先帮自己拟定未来的计划。我当时就希望日后自己能对特殊教育贡献一些影响力，因此决定报考硕士，再继续进修博士，一路走来竟已十三年。在人生旅程中，这是一段不算短暂的时间，而这也是当初我所设定的短、中期目标。如同葛拉瑟主张，只有当一个人能够面对现实，选择用负责的行为去满足此时此刻的需求时，才有能力去过有意义的生活，我也会继续往自己所订定的目标往前迈进。

我人生最艰巨的功课，就是担任一位自闭症患者的母亲角色。二十几年一路走来，经历无数的困顿与挫折，却也能一步一脚印，颠簸惊险地走过来。再回头去想，其实常常"扭转人生，只在一念之间"，我们必须以积极的想法取代消极的想法，让自己的生活变得更为美好。我们要汲取过去的经验，寄望未来，但要活在现在。虽然不知道自己的未来将如何发展，但我会坚持自己的目标前进。

在这段旅程中，因教养儿子的经历，我也体会到三件事：持续做（Keep going）、有耐心（Be patient）、永不放弃（Never give up）。这当然不只应用在教养儿子身上，体会到这三大原则后，凡事都能以这样的态度面对。

一般人听到我是特教教师，他们的回答常是："当特教教师好伟大喔！需要有很大的耐心与爱心耶！"我现在则会以微笑回答："耐心与爱心也是需要训练的。"没有人天生就充满耐心与爱心，但也没有人天生就没有耐心与爱心。牵挂，可以改变一个平凡的家庭与一段摇摇欲坠的母子关系，这是长期以来我在生活经验中汲取的道理，也正是独一无二的儿子让我学习到的最可贵的一件事。

后　记

感谢主！我现在才领悟到，原来生命时间表掌握在上帝的手中。本以为前二十几年，自己的生命故事已够精彩，怎知最近一年才堪称真正的重生。我一生中最艰巨的课题，就是身为一位自闭症患者的母亲，但我相信"为母则强"，我希望为儿子发声，更希望让社会大众对自闭症多一份认识与了解。没想到，这样的心愿却是上帝借着"五二一台北地铁砍人事件"后，儿子在地铁上发生的乌龙事件来实现。我心里确信这是上帝的美意，他要我为儿子发声，同时也为自闭症族群发声，经由媒体不断报道与曝光，也让社会大众在网络广为讨论。在博士论文的口试时，有一位评委给我的论文"宗教意味浓厚"的评语，但我认为，生命故事就该忠实地记录自己的生命轨迹，包含光明与负面、勇敢与软弱，且坦诚地敞开自己的心扉。

走入博士班，是我于 2001 年就读台北市立师范学院特殊教育学士后学分班时便订定的人生目标。在学分班结业前，我考取身心障碍教育研究所，完成硕士学位后隔年，我与指导教授讨论继续进修博士，就读心理辅导。与儿子的长年陪伴，使我有一份使命感与社会责任，除了自我实现之外，也希望将我与儿子一路走来的经验分享给家有自闭症孩子的读者。也希望社会大众能对自闭症者多一份认识，进而多一份接纳与关怀。

　　我在 2009 年提出论文计划后，接着开始写自己的生命故事。在 2012 年 10 月完成写作后，我再将写好的故事重新编辑、成为毕业论文的素材。漫长的写作过程中，最感谢的是家人默默地支持。年迈的父亲每次见到我，第一句话就是问："论文通过了吗？"使我感受到父亲对我有说不出的爱与关心；内心最遗憾的则是母亲在 2010 年辞世，造成我极大的伤痛；也感谢先生对我的包容与体谅、女儿适时的鼓励；恩师（王大延教授、许永熹教授、王文科教授、王丽斐教授、方志华教授与教育学系老师及助教等）与挚友（同事慈惠、志工陈粉大姊、美碧姊、毓娟姊、雅玲以及板桥仁爱浸信会的钱丽蓉牧师、魏景星牧师和庄志慧与教会弟兄姊妹）的支持。大家就像我的家人一样，对我付出许多关心与支持。尤其牧师与兄弟姐妹们会帮我代祷，感谢上帝的拣选，安排我和儿子在一个温馨和爱的环境里成长。感谢家人的支持，感谢所有的好朋友，我生命中有你们的陪伴，如云彩围绕。纵使生命中有乌云，但我相信另一端就是晴朗的蓝天，也深信体悟到生命经过淬炼后才能如真金。生命就像剥洋葱般，一层一层往内剥开，就更能坦诚面对自己的内心世界。

感谢上帝赐给我宝贵的产业，就是我的一双儿女，上帝创造是没有失误的，尤其儿子是上帝美好且独特的创造，没有他，就没有这段生命故事，儿子丰富了我的生命，也让我体会到生命的意义与价值，我也因认识耶稣基督信仰，能用上帝的眼光看待孩子的"独特尊贵与价值"。我希望通过叙说自己的生命故事，传递这些信息给相同遭遇的家长们：唯有你们勇敢面对，孩子才有希望。同时也希望呼吁社会大众尊重每个人的不同，纵使是身心障碍者，也只是在身体或心智方面与我们有所不同，我们要学习的是尊重、包容、爱与关怀。

最后，我衷心盼望每一位不知名的读者阅读这本书时，能聆听自闭症患者家长内心的声音，亦能思想上帝通过身心障碍者所捎来的信息，领悟到他在生命缺口中隐藏的慈爱，更愿主施恩并抚慰所有自闭症患者家长受创的心灵，释放他们被捆绑和受到辖制的心。愿神的慈爱与恩典使我们每天得享平静与喜乐。

淑芬　谨志

图书在版编目（CIP）数据

开口吧，孩子！：特教妈妈的六堂课 / 陈淑芬著.
－上海：东方出版中心, 2018.6（2020.7重印）
ISBN 978-7-5473-1286-5

Ⅰ.①开… Ⅱ.①陈… Ⅲ.①孤独症－儿童教育－特殊教育 Ⅳ.①G766

中国版本图书馆CIP数据核字（2018）第098218号

上海市版权局著作权合同登记：图字09-2018-444号

本著作物经厦门墨客知识产权代理有限公司代理，由联合文学出版社股份有限公司独家授权东方出版中心有限公司在中国大陆独家出版、发行中文简体字版本。

开口吧，孩子！——特教妈妈的六堂课

出版发行　东方出版中心
地　　址　上海市仙霞路345号
邮政编码　200336
电　　话　021- 62417400
印刷者　永清县晔盛亚胶印有限公司

开　　本　890mm×1240mm　1/32
印　　张　6.75
字　　数　127千字
版　　次　2018年6月第1版
印　　次　2020年7月第3次印刷
定　　价　35.00元